那些想红的年轻人

NAXIE
XIANGHONG
DE
NIANQINGREN

自媒体人生存指南

G僧东 林仙子

著

民主与建设出版社
·北京·

图书在版编目（CIP）数据

那些想红的年轻人：自媒体人生存指南 / G 僧东，
林仙子著 . -- 北京：民主与建设出版社，2020.10
　　ISBN 978-7-5139-3196-0

　　Ⅰ . ①那… Ⅱ . ① G… ②林… Ⅲ . ①网络营销 Ⅳ .
① F713.365.2

中国版本图书馆 CIP 数据核字 (2020) 第 162947 号

那些想红的年轻人 ： 自媒体人生存指南
NAXIE XIANGHONG DE NIANQINGREN ZIMEITIREN SHENGCUN ZHINAN

著　　者　G 僧东　林仙子
责任编辑　吴优优
装帧设计　Abook-Aseven
出版发行　民主与建设出版社有限责任公司
电　　话　（010）59417747　59419778
社　　址　北京市海淀区西三环中路 10 号望海楼 E 座 7 层
邮　　编　100142
印　　刷　大厂回族自治县彩虹印刷有限公司
版　　次　2020 年 11 月第 1 版
印　　次　2020 年 11 月第 1 次印刷
开　　本　880mm×1230mm　1/32
印　　张　7.5
字　　数　140 千字
书　　号　ISBN 978-7-5139-3196-0
定　　价　45.00 元

注：如有印、装质量问题，请与出版社联系。

2009年年底，新浪微博问世，一时间犹如盘古开天地，自媒体行业随之诞生。此后的3年是自媒体混沌的3年，犹如中国的春秋战国时期。

彼时，中国的4A广告公司如日中天。如今看来，那是他们制霸中国广告业的辉煌顶点。当时，很多4A公司的广告人自立门户，开设了一家家线上营销公司（Digital Agency），分食传统4A和广告豪强毫不在意的线上业务。他们帮品牌制作品牌活动页，运营品牌官方微博，在论坛里发帖运营品牌口碑，这些业务在当时被称作EPR（线上公关）、IWOM（网络口碑营销）或者Digital（线上业务），这些业务的费用和4A广告公司的服务费相比如同面包屑和面包。当时，我就在这样的一家线上营销广告公司任职。

与此同时，微博开始涌现出一批批段子手和营销号，他们的广告合作费用低廉得惊人，往往几百块就能让他们转发一条微博。

当时，我准备和一个微博顶流KOL（Key Opinion Leader，关键意见领袖，通常指在某个领域掌握一定信息，且被相关群体信任，拥有一定影响力的人）合作，问他："发一条微信需要多少钱？"他支支吾吾地说："我从来没做过，你觉得多少钱合适？"我战战兢兢地问："1500，发一条？"他连忙喜出望外地答应："好！"

短短几年后，花15万都拿不到他的微信公众号的二条位置了。

2012年，微信公众号问世，自媒体这个概念也开始逐渐为普通人熟知，之后的三四年自媒体行业进入最强势的红利期。

朋友圈隔三岔五就会出现一篇刷屏爆文，顾爷、深夜发媸、gogoboi等公众号作者的名字红遍网络。资本蜂拥入场，投资了一个又一个公众号，同道大叔的公众号卖出了近2亿的天价……

彼时的4A广告公司已是强弩之末，各种唱衰4A的文章不绝于耳。同时，线上营销广告公司的精彩案例层出不穷：杜蕾斯、碧浪的"双微"为人津津乐道；伦敦奥运会期间，耐克的"伟大体"赢得一片叫好；大众点评的微信H5广告精彩纷呈；在社交媒体发起的可口可乐"昵称瓶战役"更斩获艾菲奖年度大奖，我亦是这场广告战役的策划者之一。

而短视频真正的崛起还要再晚两年。直到2015年年末，一个叫Papi酱的女生红遍全国，她的首条视频广告被拍卖到了千万级别，公众开始越来越多地关注短视频这种内容形式。

2016年抖音的问世，大大降低了短视频的制作门槛，正式开启短视频元年，自媒体行业进入"汉唐盛世"。

如今，一路啃着4A面包屑过来的线上营销广告公司已完全有实力和老牌4A广告公司分庭抗礼，EPR、IWOM这些说法早已被忘却，业内人士将其统称为Social Media（社会化媒体），为品牌运营"双微"的月费已从多年前的3万～5万提高到10万～20万，一个中型线上广告营销战役（Social Campaign）更是动辄花费数百万。

也差不多是在这个时候，我个人带有玩票性质的公众号已实现稳定变现。我选择离开广告公司，加入自媒体的行列。一开始，我运营着"打浦桥力宏"的微信公众号，因为《女朋友让我来段freestyle，不然就拉黑》《上海上班族颜值等级》等爆文开始被熟知。

到了2017年年底，我看到了未来短视频的发展潜力，开始换回我的本名"G僧东"（这个昵称是我本名"钱圣东"的上海话谐音）转而拍摄短视频，转型成为一名视频博主。我应该是全国为数不多的、从微信公众号图文博主成功转型为视频博主的自媒体人。

以上是我和整个行业的成长史，从这段经历中，读者朋友们可得知：

1. 我从广告人转型为自媒体人，这让我更能站在商业角度看待新兴行业。

2. 我从微信公众号图文博主成功转型为视频博主，从某种意义上来说，可以称得上是"跨时代"的自媒体人。这样的经历使我深入了解图文博主和视频博主截然不同的运作逻辑。

因此，你正在看的这本书是十分值得翻阅的关于自媒体的书。

当你打开网络搜索关于自媒体的书籍时，你极有可能会看到这个"一本通"，那个"全攻略"，好像研读这些书就能立刻坐拥千万粉丝一样。

事实上，暂且不去追溯这些作者的背景和履历，哪怕这些书是Papi酱和李佳琦亲自撰写的，哪怕你购买后他们会给你面授三天三夜，我相信你也不可能因此成为下一个她或他。

因为如何写标题、如何剪辑都是执行层面的事，而做一个好的自媒体更多需要考虑"形而上"的东西，如何明确内容定位、掌握行业规律、塑造运营者的人格及突出自媒体的社会价值，而这些东西极少会被人写进书里。

本书由我提供素材，由林仙子执笔成文。林仙子既是我的经纪人，也是我的创业合伙人。

我们从"打浦桥力宏"时期就开始合作，我能成为一位还不错的视频博主，有她一半的功劳。她非常了解我的内容思路，对自媒体行业也有着自己深刻而独道的认识。多亏她的笔耕，此书才得以成形。

本书绝非一本工具书，而是结合本人与团队的从业经历、实战经历，为当今自媒体行业进行的大侧写，是非常客观而实用的。

通过阅读本书，你可以窥见中国自媒体行业的发展全貌，对自媒体行业的商业规则和中国自媒体人的生存状态有新的认知。

G僧东

2020年3月5日

目录

第九章 想红的年轻人，属于你的时代来了

写给粉丝、同行和甲方爸爸

第一章

G 僧东：离开 4A，离不开广告圈

　　翻开此书的读者朋友，若你恰巧是一名对自媒体行业抱有好奇与幻想的初学者，颇具互联网冲浪经验，看过不少短视频，满心都是"我行我上"的念头，那么你大概会直接略过这一章，去阅读那些带有"收入""恰饭""客户""爆款"字眼的内容。

　　如果你带着这样的想法来开启你的自媒体旅程，那么最终推送的内容大概率会被每天趴在被窝里用手机冲浪的网友们略过，难以掀起浪花。

　　互联网让人们养成的最大恶习是，在扁平化的信息时代，你我都逐渐将"看过""听说过"视为"经历过"，进而将其等价于经验，以致我们在审视外部和自我时，都很难搞清楚自己真正的位置。用不怎么时髦但比较好理解的说法就是，打游戏云通关多了，就以为自己是电竞高手，手握联赛冠军。

　　在传统行业中，信息交互、网络速度、虚拟现实等技术还未发

达到可以让从业人员统统实现扁平工作云办公的程度，职场上各种热衷于倚老卖老、拿新人刷经验的前辈们依然可以给予那些还未找准自我认知的新手以"成长的代价"。因此，在传统行业中浸润过的人大概率都能在两三年的工作中汲取经验教训，迅速实现职业化，并且逐步接近自己的职业目标。

但自媒体行业的更新实在太快了，这样的新兴事物诚然使一些年轻人突破传统，一飞冲天，但对于大部分进入这个行业的年轻人来说，可能连实习期与岗前培训都没有。

正因为如此，你才需要在开始前搞清楚自己的位置和其他行业参与者的角色。

但就算你明确了这些概念，也不能保证你能在这个行业获得成功，赚到大钱，取得声誉，但至少可以帮你"死"得慢一些。

就在打出这些文字的前几天，我的一位前同事突然发来消息，说要和一些朋友搞自媒体创业，她咨询了我许多有关数据、平台、流量等专业性极强的问题。在谈话的最后，她提到一个由她朋友主笔、认为"内容相当不错"、数据亦不难看的公众号，并对我发出灵魂一问："这个公众号写了两三年，每周更新三四次，读者互动稳定，数据极其真实，单条平均阅读量没有十万以上也有五六万，怎么一个广告都接不到？"

这种事情太正常了。尤其是近两年来，视频类自媒体开始大爆发。突然爆红的短视频以周为时间单位迅速地更新，当红视频博主顶流位置的更换速度堪比下饺子。这些自媒体人极大程度地丰富了中国网民的表情包与流行语库，为延缓全国平均睡眠时间、缓和家庭矛盾等工作做出了杰出贡献，甚至对"00后"的集体审美产生了难以估量的影响。但你可能不知道，当我说起这些俏皮话时，你脑海中走马灯般地闪过的那些人，几乎都没有因为内容本身赚到什么钱。

　　而与之对应的是一些我就算说出名字你也不知道的小微视频博主。他们粉丝不过几万，视频单条播放量一两千，月收入却稳稳地超过一线城市的白领阶层。

　　造成这些现象的原因当然是错综复杂的，但首要的一条，也是我最想与读者朋友分享的，就是要想在这个行业里生存下去，就一定要明确"利益相关者"。这是踏入自媒体行业门槛的第一步。

　　多数人对自媒体行业都有很深的误解，其中也包括许多从业者。在此，我无意评判任何人的理想主义或内容情怀，也不会因为任何人对以下内容的不屑、不满、鄙视和诋毁而感到不适。

　　相反，对于始终怀抱着理想主义和内容情怀还能生存下来的自媒体人，我表示十二万分的敬意，并诚恳、虚心地向他们学习。毕竟能够扛住生活"毒打"，还能"胖揍"一回生活的人都是真正的英雄。但对我这样的从业者而言，不论图文还是视频，自媒体既不是"记录美好生活"，也不是展示"年轻人的世界"，更不是什么

"随时随地发现新鲜事"。当你把自媒体当成一份工作，当成一种谋生手段时，就注定了它不能这样雅致、从容不迫和文质彬彬。

自媒体是一门赤裸裸的生意，说得好听点，是一种商业行为。

既然是商业行为，就要遵循商业行为中的一般逻辑。首先，认识这门生意里的每一个角色就很有必要。按照一般的生意组成模式，其中必须包含基础三方：生产者、销售者和消费者。

用还不算过时的"烤山药"梗来打比方，如果我们创作的内容是烤山药，那所有自媒体人都可以是种山药的人或是烤山药的老大爷，或是两者兼任。这很容易理解。

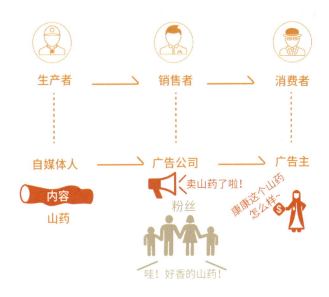

图1-1　烤山药的生意组成模式

而买烤山药的人，却不是内容的受众，或者说粉丝。真正意义上接收了"妈妈我要吃烤山药"这个信息的，是手握广告投放预算的广告主。

对自媒体人来说，能否充分理解这一点，就是"职业"与"非职业"、能赚钱与不赚钱甚至赔钱的分水岭。至于其中的原因，容我后面再去详谈。

这时我们还忽略了一个重要角色，就是播放出"妈妈我要吃烤山药"的扩音器——广告公司。在我们的生意中，虽然自媒体人看似兼任生产者与销售者的双重身份，但实际上，绝大多数自媒体人都缺乏销售能力。

这不是比喻或者夸张的说法。广告主，或者说客户，并不会像在美食广场闲逛的你我一样，在煎饼果子摊前打了个饱嗝后，又跑到麻辣烫店里按斤自选。我们的"市场"远远不如你家楼下社区超市那样温和、闲适。

实际上，自媒体市场比传统媒体市场更加接近"黑暗森林"。自媒体市场是一个"公开的黑箱"，你可以这样想象这个"黑箱"：你蹲在辽宁铁岭象牙山脚下，能听见上海陆家嘴大楼的叫卖声，同时还能听见四川大凉山深处"我们的山药最健康"的呼喊。你能看到那些从上海金融中心的大楼里走出来的西装革履的白领，如小学生一样排队买光了烤山药，同时也能嗅到大凉山里的孩子们身上散发的泥土气息，以及伸着手争抢刚烤好的山药的热情。但无论是上海的山药还是四川的山药，身处象牙山的你都无法对他们产生任何物理感知。这样的"全知全能"和"无知"比起来也没有什么差别。

我们把这个比喻里的山药替换成"自媒体内容"，当全国各地成千上万个差不多的"山药摊"同时摆在你面前时，作为手握人民币的客户，你如何能确定感受到的这些信息都是真实、有效的呢？同时你应该通过什么信息去判断应该买哪家的"山药"呢？

所以，能自产自销的自媒体人才是成功的自媒体人。这里我们可以直接点名，比如"丁香园"自媒体矩阵，"华尔街见闻""虎嗅"，他们或凭借庞大的内容体系，或凭借专业领域的话语权，或凭借脱胎传统媒体平台的内容售卖逻辑，都完美地实现了自产自销。但做到这一步的"自媒体"其实已经可以把"自"抹去了，他们就是公共媒体，与各色传统媒体并无本质差别。

除此之外，上到斥资亿元买楼的直播大亨，下到每一个你喜欢的抖音小姐姐，都需要一个外挂的"喇叭"替他们叫卖。

广告公司就是那个"喇叭"，他们才是99%以上自媒体内容交易的真正促成者与执行者。虽然他们是不折不扣的赚差价的中间商（当然，也有许多广告公司会购买、入股、买断某个自媒体），但不得不承认，没有广告公司，自媒体行业才真是"黑暗森林"。

　　许多人把广告公司看作讨人厌的"中介"。的确，少数广告公司凭借一己之力，一手托两家，瞒上欺下，以致除了"添乱""刷存在感"，提一些既不懂内容又不理解客户的意见，就是制造大量"是兄弟就来砍我"式的投放广告，给自媒体人、客户和粉丝留下许多负面印象。除此之外，大部分的广告公司还是专业的。

　　广告公司的重要程度超乎许多自媒体人的想象，其中有两点需要格外注意。

　　第一，广告公司才是内容价值的决定者。就像一百个看起来同样可口、诱人的烤山药摆在客户面前，客户却无法真实触摸、品尝，以致无从下手。

　　请记住，哪怕你已经是坐拥几十万粉丝的自媒体人，你也只是在那几千或几万个经常看你的忠粉心中足够优秀。放眼互联网这片海洋，和你同一品类、同样级别的自媒体人数量可能比你的微信粉丝群人数还多。不管你在自己的简介上写得多么天花乱坠，对客户来说可能都差不多。毕竟，你无法预测客户想要的到底是什么，也不清楚自己在他们心中到底是什么模样。

　　而在每一个自媒体营销公司，或是有自媒体营销业务的广告公司中，初级客户经理每天最主要的工作就是，在表格里对我们这些自我感觉良好的自媒体人分类、分级，专业一些的公司还要做内容质量评估。这些表格会在客户提出需求时被客户经理按需截取，并通过邮件发送到客户的信箱里。

显然，这件事带有强烈的主观性。而对自媒体人来说，更可怕的是，几乎所有广告公司表面上都会宣告这份媒体表格具有"私有性""独家性"，私下里却一直互通有无。这意味着在自媒体人被客户了解、买账之前，首先必须要让广告公司认识你、喜欢你。这虽然不是说你必须取悦广告公司，但至少你要让广告公司接受你，你才会有靠内容赚钱的可能性。

第二，在售卖层面上，广告公司是你内容的表达者。就像我朋友的朋友的自媒体，姑且称之为Y公众号，虽然看起来欣欣向荣，但就是接不到广告。

他们自认为拥有和"连岳""六神磊磊"差不多的内容，应该能吸引同类型的客户。一听到他们举例的这两家自媒体名号，我就清楚他们问题的核心在于没有搞清楚内容究竟要向谁表达，该怎么表达。

Y公众号的主要内容是跟进社会热点新闻，旁征博引，书写自己的见解、评论。坦白说，其内容写得很精彩，颇有纸媒兴盛时代特稿的味道，而Y公众号主笔人也恰好就是某著名纸媒前编辑出身。我猜在Y公众号作者的内在逻辑中，自己把想法写给读者，有许多读者阅读，就应该成为一个不错的广告平台，就会有广告主来投放广告。这个想法在纸媒端，甚至网站、App端是成立的。在这个逻辑里，内容表达只需要面向受众，不需要面向广告客户。

可在自媒体的市场里，只需要想想烤山药的例子，就不难发现这种办法是行不通的——"虽然你家的山药确实好吃，并且有好多人围着买，但还有另外九十九家烤山药买的人和你一样多，除了好吃还能治我的腰酸、背痛、老寒腿，我为什么要买你家的？"

在现实中，像Y公众号这样讨论社会问题、作为新闻延伸读物的自媒体比山药还难卖——它无法表达出任何对客户而言有效的信息。如果要讨论影响力，那还不如去正式的报纸、杂志自媒体上打广告。而Y公众号举例的两家自媒体，虽然看似内容与它近似，但实际上有很大不同，"连岳"更侧重情绪与情感上的表达，而"六神磊磊"则处在一个中国文化史上空前的IP集团阵营中。

更为重要的是，这两家自媒体都是在自媒体营销方兴未艾之际被大家熟知，并迅速与广告公司建立起紧密联系的。可以说，在针对客户的内容表达上，他们既有自身的优势，又有老道的经验。而对于没有这些条件的初入者来说，向广告公司推销自己就是唯一面向客户的内容表达渠道。你还觉得，他们仅仅是赚差价的中间商吗？

掏粉丝钱包，是政治正确的"薅羊毛"

我相信，此时一定会有不少人义愤填膺，或是对我极度鄙夷——你把粉丝放在哪里？粉丝难道没有价值吗？事实上，内容的消费者不是粉丝，决定内容能不能卖出去、卖多少钱的，也不是粉丝。我这种思维恰恰是完全不会对粉丝造成伤害，又能维持粉丝所喜爱的内容良性生产的商业逻辑。

是的，在整个商业行为中，粉丝并不参与其中，虽然他们的确与利益相关。

我是粉丝变现的反对者——我指的"粉丝变现"，是指除去为必要的内容版权买单和玩票性质的周边售卖以外的，所有通过粉丝本身获利的行为。当然，知识付费内容、本身自带电商属性的自媒体和客户投放的产品销售，也不在此列。

我所反对的是，常规内容自媒体从业者进行长期自主的产品销售，或者倒卖粉丝的行为。大约在2018年的年中到2019年的年中，自媒体卖货是门大生意，其间还养活了一批又一批电商代运营者和产品供应商。

之所以这么说，是因为我认为在整个自媒体行业的游戏规则中，粉丝是处于极弱势且游离于利益链条外的利益相关方。首先，无论是自媒体人、广告公司还是客户，通常都把粉丝看作抽象的"流量"存在。在游戏的最初，粉丝既不卖烤山药，也不帮忙交摊位费，更不帮你吆喝，只是你身边的"围观群众"。卖山药的人根据围观群众的多少喊出山药的价格，赚差价的中间商视围观者的坚定程度来判断山药价格的水分，买山药的人则通过交易时围观群众的表情、眼神、语气来判断自己是否上当受骗。其实，没有哪个自媒体人不信誓旦旦地拼命守护这一小撮全世界最好的粉丝，但也没有哪个自媒体人敢保证没有幻想过把手伸进每个粉丝钱包里达成美梦："中国每人给我一块钱让我成为拥有14亿财产的富翁"。当看见客户不断地把他们的产品卖给自家粉丝的时候，不少自媒体人的聪明劲儿爆发了：粉丝的腰包，客户摸得，我怎么就摸不得？

于是，掏粉丝钱包，一度成为自媒体行业的显学。搜索"自媒体快速变现"这类关键词，你能看到许多"有意思"的教程。低级一点儿的，可以是利用平台信息流广告漏洞，怂恿粉丝不断点击文内插入的信息流广告，聚沙成塔，积少成多；高级点儿的，是努力营造某种"高级的""美好的""脱俗的"生活方式，让你的粉丝爱上内容以外的作者人设，进而把这套人设的零件买回家。前者在某些时候，还可以算作"薅资本羊毛"的共赢行为——有些博主还真的会给粉丝"返利"，虽然由于单次点击价格极低，这种收益不可能有什么实际价值；后者在整个自媒体"粉丝变现"浪潮中，则逐渐变成一种单方面的零和游戏。在他们扬扬得意地兜售产品与生活方式的同时，几乎也卖掉了粉丝对他们的信任与关注——真正想买东西的粉丝，还是因为喜欢你的内容才情愿花冤枉钱。可惜的是，一大批自媒体人都没能明白这个简单的道理。他们几乎都在一年左右的时间里起高楼，宴宾客，然后在电商直播浪潮的降维打击后楼塌了。

　　粉丝的利益相关其实很简单，这就是你作为自媒体人对自己的定位。如果你就想"卖货"给你的观众或读者，那么你的客户就是粉丝，你应该好好研究产品，别拿内容逻辑说事儿。如果你和我们一样，只玩得转内容，最多能揣摩一下粉丝的小情绪，就请你保护好粉丝的钱包，既不要接不靠谱的广告，更不要没事打粉丝钱包的主意。对此，新裤子乐队主唱彭磊说过一句非常适用的话："我们能靠唱歌赚钱，不用靠说话赚钱。这不是自傲，而是自知之明。"

　　我见过一些所谓自媒体创业者，他们最喜欢聊的就是他们用公众号卖了多少货，然后把这个公众号转卖给了某某机构或组织，靠这笔钱实现财务自由，走上人生巅峰。每当听到这种说法时，我就对他们是否真的卖出过货抱有疑问，同时更加难以理解面对一个不断薅粉丝羊毛的自媒体，谁还敢出高价接手？

真正对粉丝的交易行为，每天都在发生，"粉丝交易"是凌驾于整个自媒体商业链条之上的生意。聪明的读者大概已经猜到了，"粉丝"又叫"流量"，"粉丝交易"就是流量生意。

这个生意的买家可以是自媒体、广告客户、广告公司，甚至粉丝本人（粉丝也可以为自己喜爱的明星或博主购买流量）。而卖家自然是各大内容平台。

这个生意的单日交易额是一个令你难以想象的数字。我有一个朋友参与过一次自媒体创业项目，他每天的工作内容就是花钱在微信平台上做信息流推广。他按照性别、年龄、受教育程度、兴趣偏好等几十个细分标签进行客户端投放，并可以精确到地级市的行政区划。投放的标签越精细，单次点击的价格就越高。

我这个朋友每天的投放金额，大致在几千到几万上下浮动。他告诉我这样的投放规模并不算大，与他对接的销售经理同时负责十个左右他这种体量的客户。由此可见，流量才是所有内容平台能够赢利的核心基础。

为了维持这一基础的稳定，除非是小红书这样本身就以产品推荐、购物引导为核心的电商平台，大多普通的内容平台必然对自媒体的卖货、粉丝交易行为抱着审慎的态度。因为他们深知内容才是维系平台粉丝健康、活跃、良性循环的关键，而卖货、私下的粉丝交易则存在难以管控的风险——最大的风险是信任风险，粉丝一旦对平台失去信任，就容易流失到其他平台。所以大部分我们熟悉的内容平台，都会把直接的产品售卖和粉丝售卖收归"公"有，而鼓励内容创作者靠内容本身变现，或利用承接不负责产品销售的品牌广告进行变现。

除此之外，任何可能影响平台粉丝活跃度稳定和健康增长的行为，平台都会进行严格管控。很多时候，自媒体人与平台的交集就发生在这些管控中，具体表现为平台对内容的审核、删改，甚至直接限流。

我们暂且先不评论每个平台的规则是否合理——我们本身也深受某些平台诡异规则的"毒害"，但就平台立场而言，他们的行为，都是为了"维护粉丝利益"。平台既有意愿又有需求与自媒体人形成更为深入与广泛的联系，因为自媒体吸引来的粉丝，才是平台的根本利益所在。

MCN 来敲门：不全是天上掉馅饼

自媒体人，尤其是新晋的内容创作者，更容易接触到平台的"买办"——MCN（Multi-Channel Network，多频道网络，常理解为内容流量买办）机构。对于想进入自媒体行业的年轻人来说，接下来的内容或许能提前替你将来的职业道路扫清障碍。

就现在的自媒体市场来说，如果你是一名崭露头角的自媒体人，突然有个MCN机构找上你给你描绘美好未来，给你指明前进方向，给你许诺流量资源，最后掏出一份合同问你签不签，请务必先揣好你激动的小心脏。

要克制，要冷静，因为MCN机构找上门，是典型的"有一个好消息，还有一个坏消息"。好消息是，你的内容确实有商业价值，或具有商业潜力，你的内容方向大体没错；但坏消息是，你的个人创业梦想可能会被中途腰斩，你将踏入由资本构成的内容血汗工厂。

那么，MCN机构在整个行业有什么作用呢？请见下图。

图1-2　MCN机构、KOL和平台&资本间的多边贸易

虽然MCN机构产生了许多不同的细分类型，但整体上的商业逻辑，大多是拿着资本的钱或平台的流量或两者兼有，打着"内容孵化"的旗号，在内容平台（或资本）与内容创作者之间进行"双边贸易"。就目前来看，MCN机构进行的买卖，仍然只是"双边贸易"。

对于平台，MCN机构的行为比较好理解。他们直接用钱（直接购买的其实并不多），或者承诺带来的收益与平台交换流量，而后利用旗下内容创作者的内容价值带来的流量收益、广告收益返还给平台。有些MCN机构接受的资金来源，可能本身就是平台所有者的资本方。换句话说，MCN机构的行为仿佛是向银行借贷的制造类企业。

但对于内容创作者来说，MCN机构就不会那么容易让你理解他们在做什么了。一方面MCN机构利用来自平台或资本方的流量优势、资金优势直接扶持内容创作者，利用对平台规则的熟悉甚至事先极大程度地优化内容运营逻辑，也就是为内容创作者砸钱砸资源，搞定平台流量让内容创作者早日"走花路"。另一方面，有些MCN机构还兼具优秀的"喇叭"功能，可以在帮助自媒体人运营内容的同时为他们招商。

听上去，这简直是内容创作者的天堂对不对？但硬币的另一面是，加入MCN机构会在事实与法律上将你从"内容个体户"变成"内容产业工人"。你必须让渡一部分内容所有权，让渡全部的商业代理权，以及很大概率会被要求签署竞业协议。而你与MCN机构的实际关系在多数情况下会因为你的天然弱势——毕竟你刚出道、没名气、没流量——从你想象中的"合作"变成"从属"。一旦你处于"从属"地位，就意味着实际上对方并不一定要为你付出切实的支持与帮助，而你却必须要在获益时与他们分享你的收入。

就我个人的观察，MCN机构在中国对自媒体新人尤其如此。得益于视频类自媒体的迅速发展，各类MCN机构与之同步发展，甚至一些广告公司、自媒体营销机构也加入进来，开始发展MCN机构业务。他们虽然难以匹敌那些背靠平台的MCN机构的流量优势，但有着前者所不具备的客户资源与商业嗅觉。另外还有一些背靠平台的MCN机构，虽然拥有官方身份加持和正式的平台流量资源，但运营能力、广告水平、商业能力都不强，或者说他们习惯于做"轻运营"，也无力从真正意义上"把持"内容创作者，仅可以切实地为内容创作者提供流量扶持，而他们的客户来源、广告需求等就直接交由平台或自媒体人完成，MCN机构只要求一部分的分成即可。

所以，作为自媒体新人的你面对MCN机构的招揽，喜上心头的同时，也务必做好事前考察、长期观察和与之进行拉锯的准备。大型正规的MCN机构的确能为自媒体新人指明方向，为内容的运营和商业化带来正面影响，但与此同时，搞清楚你所面对的MCN机构究竟是以何种形式赢利，跟旗下自媒体人的过往合作、分成结构，以及解约条款等不同情况，这对你未来的发展格外重要。

当然，关于MCN机构与自媒体人的利益纠葛，还有很多值得详细探讨的内容，毕竟这直接涉及钱。我会在后面关于自媒体人收入的章节里详细展开讨论。现在，你只需要清楚一点：MCN机构与你的利益关系完全不对等，是凌驾在你之上的。毕竟他本身是行业上层商业模式的产物。

说到这里，也许你终于开始对我的潜台词有所察觉。

那么恭喜你，你已开始有自媒体人的觉悟了。

为什么要在一开始讲这些利益相关？

因为一旦选择成为一名内容创作者、一名自媒体人，你就不得不接受一个事实：你是所有利益链条中最底层的一环，直到你放弃它为止。

不过唯一值得欣慰的，不是你能够靠它赚钱，而是即便如此，仍有人愿意不以利益去衡量你的价值。

所以，请别把喜欢你的人视作"流量"。因为那才是你唯一的、真正意义的"利益相关"。

自媒体圈的
鄙视链

第二章

弱肉强食，每秒都在这里发生

自媒体行业也存在"鄙视链"，鄙视链的本质是竞争。

绝大部分的自媒体人都靠广告养活，而广告主的数量是十分有限的。世界500强企业和中国500强企业加起来每年有投放自媒体广告预算的企业不超过100家，然而，仅仅是Papi酱旗下的MCN机构 Papitube就有超过150名各种各样的视频博主。所以，数以千万计的自媒体博主都指望着不足100家的广告主来投放"恰饭视频"生存。

激烈的竞争带来了激烈的鄙视，这种鄙视贯穿了与自媒体相关的方方面面，从称谓到平台，从内容形态到博主类型，无所不包。

必须事先声明的是，我们在此讨论鄙视链，并非真正鄙视谁或者看不起谁，只是希望与读者分享我们在从业过程中观察到的自媒体人微妙的心理状态。

对于普通人来说，知名网友不论因为什么一炮而红，都统一被叫作网红。但在自媒体人眼里，网红、KOL、博主、主播等称谓带来的心理暗示是截然不同的。

首先，网红和主播这两个称谓听起来最不体面。

网红这个词在自媒体人听来，是特指那些通过滤镜出落得如花似玉的小哥哥、小姐姐，他们好像并不需要具备什么过人的才艺，只需要懂得自拍与修图技巧，发几张美照或几段视频，就能获得关注，变成网络红人，为一些商家带货，或推荐自己的产品，最终实现"名利双收"的目标。大多数自媒体人是很抗拒被人叫作"网红"的。

主播也是自媒体人眼中的非好感称谓。在主播这个群体中，游戏主播绝对站在鄙视链顶端。毕竟电竞现在已经被列为竞技体育项目，说明这项活动绝非大家眼中认为的玩物丧志。

专业的游戏主播实际上跟篮球、足球解说员类似，他们不仅需要丰富的专业知识，而且由于网络平台的特性，在语言风格和表达方式上也要非常"硬核"，因此，出名的游戏主播的"江湖地位"还是很高的。提到主播，大部分人首先想到的还是快手主播、喊麦小姐姐。在李佳琦和薇娅走红之前，主播界最为人熟知的作品是《一人饮酒醉》，主播界最大的热点事件是冯提莫和陈一发争夺直播一姐，结果后者因为不当言论被封禁。可以说，主播这个称呼给人的印象不怎么好，尽管他们当中的佼佼者仅靠打赏就能获得数十万或数百万的收入。然而即便如此，他们依然拿不到主流自媒体圈的入场券。

在社交场合，当一个主流自媒体人遇到某个主播时，他还是会微微皱眉，露出尴尬而不失礼貌的微笑，问："主播？播什么的？"还好某宝捧红了直播带货，才为"主播"这个称呼挽回了一些颜面。

KOL本应是个带有学术意味，又比较有格调的称呼，然而如今但凡微博粉丝超过五位数的人都说"我是KOL"！跟网红、主播不同，KOL更像是一种社会认证，而非工作岗位名称。

博主虽然常常跟"UP主"混用，但这两个词相差甚远。"博主"来自博客时代的网络造词运动，指某个博客的主人。到了自媒体时代，它又被自媒体人捡了起来——毕竟对它原创内容创作者与其内容所有权都有着相当清晰的中文描述。

关于UP主一词，大约是来自日本弹幕视频网站Niconico，就是Uploader（上传者）的日语翻译又被中文简化转译了的结果。了解弹幕视频网站的人都知道，这一类网站一开始就因为主打分享概念而不强调创作（毕竟创作都在弹幕上），为了避免版权纠纷问题，才把视频作者统一定义为"上传者"——这意味着他们并不一定是原创作者。

因而博主是含金量相对较高的一个称呼。能被称为博主的人，也总是比普通网友有更多的流量，因此自媒体人在做自我介绍时，都会说"我是××博主"。××特指他们精通的领域，如美妆、搞笑、游戏、健身和音乐等。

博主都是分领域的，相当于从一开始就给自己贴了一个标签，让粉丝很容易基于兴趣认识他们，品牌也很容易根据标签判断他们是否跟自己的产品贴合。所以，做得好的博主容易受到品牌邀约制作"恰饭视频"。

微信＞微博＞抖音＞B站？关系很微妙

社交平台即自媒体人的舞台，因为不同平台有不同的调性，吸引的创作者和受众也有区别，所以对自媒体人来说，在哪个平台开始出名非常重要。

对于文字创作者来说，微信公众号博主和微博博主肯定看不上小红书博主，小红书博主则不会把今日头条、趣头条或百家号之类的博主看在眼里。

微信公众号的文字博主往往将自己视为知识分子（事实上，微信公众号博主的整体学历确实相对较高，这是由微信公众号的性质决定的。微信公众号是一个以文字形态为主的平台，内容的角度和深度决定了传播广度，没有观点和干货的内容很容易在竞争中被淘汰。另外，有相当数量的微信公众号博主原本就是杂志编辑、媒体人、广告公司文案等受过高等教育的文字工作者）。微博大V则常常带有一种媒体工作者的自觉，上至国际局势下至娱乐八卦，每次都是他们率先跟进事态进展。微信公众号博主紧随其后，就事件进行一番鞭辟入里的剖析。论时效性，微博大V当仁不让；论观点深入度，微信公众号博主一马当先。这两者都时刻影响着公众的注意力，自然屹立于鄙视链顶端，不会认可小红书上面那些晒化妆品和包包的博主。

哪怕是专门撰写美妆内容的微信公众号博主，也往往带着一位时尚编辑的觉悟敲下每一个文字，他们试图传递的是一种审美和生活方式，自然会觉得小红书博主的内容不过只是炫富罢了（尽管很大程度上这是小红书鼓励用户"标记美好生活"导致的）。小红书博主自然不会这么想，他们认为自己分享的都是干货，是货真价实的购物体验和产品使用心得，比微信公众号里那些虚头巴脑的"生活美学"更接地气。

今日头条、趣头条、百家号上面的博主在这条鄙视链中是毫无存在感的，他们常常被其他平台的博主视为"互联网上的搬运工"。由于今日头条、趣头条、百家号等平台都属于社交媒体的后来者，为了快速占领市场，他们疯狂利用平台补贴吸引博主入驻，吸引了许多"薅羊毛博主"。因此，活跃在这些平台上的博主大多只是每天搜索一下互联网热点，东拼西凑写出一篇文章，依据平台运算规则优化标题以增加点击数，并凑够月发帖数，按时拿平台补贴罢了（然而随着平台运营的成熟，这部分博主能否逐渐拥有一席之地尚未可知）。

对于视频创作者而言，平台差异造成的区别比文字更甚。B站和微博的视频博主看不上抖音视频博主，而快手视频博主则处于鄙视链底端。B站的视频博主是有天然优势地位的——在B站，如果你没有对于某个细分领域（如游戏、摄影、乐器等）的熟练掌握，是绝对不可能走红的。并且，做过自媒体运营的人都知道，B站"一粉抵十粉"，想在B站买粉几乎不可能，只能凭借业务能力吸粉的B站UP主自然非常有底气。本质上，迄今为止，中国互联网普通网民中的"核心用户"只有这么一个视频内容集散地（如果不算AcFun站）。如果简单归纳，可以解释为"B站网友会鬼畜，谁也挡不住"。

B站的核心用户具有刁钻的内容品味和丰富的内容阅读量，同时也具有强大的制作能力，可以随时转化为"造梗机器"。他们甚至可能都不是专业创作者，也不以此为生，但就是基于纯粹兴趣爱好创作了大量的鬼畜视频、动图、表情包、流行语等。这些内容是支撑整个互联网内容生态的底层工具与创意来源。因此，B站博主虽然流量、内容、颜值都并不抢眼，但平台与传播层级的鸿沟把他们推上了鄙视链的最顶端。

微博视频博主的业务能力真的很强。微博作为中国乃至整个华语圈最大的非熟人社交网络平台，拥有巨大且多元的用户量。他们既是观众也是创作者，想在其中以某种特征吸引受众的注意力无疑需要强大的内容理解与信息分析能力。打个不恰当的比方，如果说B站是掌握核心科技的微电子生产厂商，那微博就是拥有几亿个摊位同时进行买卖交易的小家电批发市场，而其他视频平台、网站最多只能算是地区营业点或者某一类电子产品的专卖店。

恰好因为微博的商业化非常完善（有许多可以花钱做推广的途径），MCN机构对博主的管理和包装方式也比较成熟，因此数据操作的空间很大——无论正规与否（是不是更有小商品批发市场的感觉了），微博视频博主的含金量略低于B站UP主。

在B站UP主和微博视频博主看来，抖音博主就像是打游戏开外挂的选手，哪怕赢了也是很难被认可的（此处不包括诸如朱一旦、毛毛姐这样采用传统短视频拍摄模式，自己从脚本开始创作拍摄，只是在抖音这个平台开始被熟知的博主）。

抖音用滤镜取代了视频创意，用拍摄模板简化了剪辑技巧，将视频这种创作性的内容变成了一种简单的模仿行为。对于真正意义上的短视频创造者来说，抖音并不是一个短视频平台，而是一个短视频素材再编辑平台。因此，抖音视频博主本身就缺乏说服力。更糟糕的是，由于抖音鼓励用户使用平台提供的模板进行拍摄，在潜移默化中让使用者认为，原封不动地模仿网络视频拍摄发布内容是正常的，从而导致抖音上抄袭泛滥，被抄袭者无处申诉，抄袭者被投诉还理直气壮。这样的原创环境令许多创作者不齿参与其中。

抖音刚刚走红的时候，媒体纷纷以"北快手，南抖音"来报道这两款在短视频领域异军突起的App。网络上很少听到"快手博主"这个叫法，大家都默认叫"快手主播"。究其原因，快手最初的一批红人都是从YY直播平台迁移而来的，而他们当中的大部分又以直播喊麦出名，如最有名的MC天佑。尽管如今不是所有快手用户都喊麦，但第一印象造成的偏见还是根深蒂固地存在。

抖音博主很大程度上不喜欢别人将自己与快手主播相提并论。在抖音博主眼里，抖音有审美，有格调，用户集中在一二线城市，展现的多是宠物、旅游、城市生活等内容，平台本身也在试图打造一种时尚、酷炫和年轻的形象。而快手则充斥着社会摇、喊麦、农村吃播等内容，用户都是四线城市开外的群体，创作的内容都是"土味视频"。更重要的是，不管快手的一线主播们如何叱咤风云，他们的内容也很难得到一线品牌垂青，鲜有一线品牌选择快手主播合作广告（快手主播大概也不在意跟一线品牌合作，他们大部分都生财有道，赚的钱不比抖音网红少）。因此，他们处于视频博主鄙视链底端就不难理解了。

我们上面讲了称谓和平台两者的鄙视链，事实上，这两者之间还存在着一种微妙的联系，可以视为这种鄙视链作用的例证。因为大部分自媒体人都靠广告主赚钱，广告主如何称呼各个平台的自媒体人在很大程度上反映了这个平台自媒体人的江湖地位。比如，我们前面提到的，我们不会说"快手博主"，只会说"快手主播"。品牌方跟广大网友一样，会用"网红"指代所有知名网友，但具体到平台，他们习惯用"抖音红人/抖音达人""微博红人/微博博主""公众号博主/公众号KOL""B站UP主/B站博主""淘宝主播"这样的称呼来特指。这种指代习惯当然跟平台的发展过程有关，但同时也是不同平台网红在品牌方心目中商业价值高低的体现。本书后续章节在谈到不同视频平台使用者的时候，也会相应采用不同的称呼。

神一般的 UP 主：鬼畜为何当道

在视频博主这个领域，除了上面说到的因为平台不同造成的高下之分以外，视频形态的不同也会导致不同层级的鄙视。经常上网的朋友多少都知道，短视频是一个大类，这个大类当中还可以细分出鬼畜短视频、Vlog（Video blog的缩写，指视频网络日志，内容以拍摄者日常生活分享为主）、创意短视频、抖音短视频和土味视频等。

鬼畜视频的创作者处在鄙视链顶端。创作出一个优秀的鬼畜视频需要创意能力、素材搜集能力、剪辑能力及强大的网感，而有网感是最难的。所谓网感，就是你非常清楚互联网的语言和表达习惯，知道哪些"梗"会触及网友的兴奋点，并且通过巧妙地"玩梗①"将视频观看者牢牢吸引在屏幕前。网感就像我们学习英语时

---

① 玩梗：针对某个笑点进行演绎、吐槽或延伸。"梗"即笑点，和"捧哏"的"哏"类似。

的语感一样，它既是一种天赋，又是一种长期反复练习后获得的奇妙能力。鬼畜视频可能看起来只是一些拼贴和不断重复的视频片段，但其实背后的创作难度是非常巨大的。因此，B站的鬼畜视频UP主常常被奉为"大神"。

创意短视频和Vlog的创作者地位稍低于鬼畜视频博主，但他们互相之间并没有什么龃龉，有的创意短视频博主出于记录生活或是丰富内容形态的目的，也会拍Vlog。真正职业的Vlogger，如井越、飞猪（flypig）等，他们有自己的圈子，彼此之间互动多多，和其他创意短视频博主之间维持着一种相敬如宾的关系。关于创意短视频、抖音短视频和土味视频，这三者的鄙视关系在前面讨论平台的时候已有所阐述，此处不再赘言。图2-1仅从职业门槛的角度排序，处于金字塔上方的鄙视处于下方的。若从变现能力、流量大小的角度排序，时尚、美妆、情感博主等则应该处于较高位置。

图2-1　不同领域博主间的鄙视链

最后，从博主类型这个维度来讲，不同领域的博主之间又是如何互相"看不顺眼"的呢？

自古文人相轻，离文化圈越近的博主，越是处在鄙视链的上层；越是有实质内容的博主，越是鄙视那些靠装疯卖傻输出内容的博主。

我们从底层博主说起。为什么情感博主地位比较低呢？因为成为一个情感博主相对比较容易。健身博主要懂健身，要坚持锻炼；美妆博主要熟悉各大美妆品牌并擅长造型；宠物博主要会照顾、打扮和拍摄宠物。情感博主需要什么技能呢？

谈恋爱吗？话虽这样说，但做得好的情感博主的广告卖得很贵，因为流量足够大。情感话题最容易吸引女性粉丝，在广告主看来，女性就意味着购买力。情感博主就像流量明星，德不配位又要与其他博主竞争广告主资源，当然不被圈子待见。

钱多自然是非多，情感博主相互之间还存在着极其细微的鄙视链。他们彼此的关系大概是这样的："独立女性"博主看不上情感咨询博主，情感咨询博主又看不上情感故事博主。

"独立女性"博主的内容主要是分享自己的生活和情感经历，大多采用第一人称叙事。她们字里行间往往会透露出"自媒体只是副业，我主要是靠其他主业赚钱"这个中心思想，而她们口中的主业常具有某种金融背景。这类博主大都是"独立女性"这个概念的忠实拥趸，尽管她们常常混淆"Being Independent"和"Being Solo"的概念，但这并不妨碍她们为粉丝塑造出又"A"又飒的女性形象。这一类博主的广告费很贵，因为她们具有强烈的人格特征，粉丝带着光环和滤镜看她们，将她们视为某种人格偶像，自然粉丝黏度比较高，做广告也更容易说服粉丝买单。

情感咨询博主往往个个都是"恋爱博士"，精通男女之道，终日在恋爱潜客之间纵横捭阖，嫁人有方、驭夫有术。广告主嫌弃她们不高级，与品牌调性不符，于是她们就通过卖恋爱课、收情感挽回费、开两性咨询公司来变现（其实大都没什么实质内容）。"独立女性"博主当然看不上这类博主，前者尽管人设不一定真实，但内容具有一定的参考价值，有的还具有一定的文学性。

情感故事博主就很多了。毕竟写一篇青春伤痕文学就像使用抖音内置模板发布一条"原创"短视频一样简单，只要在名词或者动名词前面加上"小"字，多用"不知道为什么"作为一句话的开头，多换行，不时加入一些突如其来不知道对谁说的感叹句和让人摸不着头脑的比喻句，就能引发一众人的联想与伤怀。而说直男坏话在女性掌握绝对话语权的社交媒体世界里更加是一件政治正确的事情，只要大力表达女孩儿要哄、要宠，直男非蠢即坏这样的观点，就总会有人买单。而且世界上只有一种韭菜是割不完的，那就是爱情的韭菜。准入门槛如此之低，情感故事博主被鄙视就不足为奇了。

当然，任何行业做到极致都能成功。同样的，在这三类情感博主当中，顶尖的那个都是厉害角色（此处不针对这类博主创作内容的价值导向，单纯讨论她们的内容和运营能力）。有趣的是，做到极致的情感故事博主如咪蒙，后期也开始售卖情感课，并且在离婚后营销起了减肥变美、努力创业的独立女性人设。有兴趣的读者不妨动手搜索一下咪蒙的那段创业史，一定能发现情感博主这条鄙视链是如何在其中起作用的。

CP博主——特指那些靠分享甜甜的恋爱日常为内容的情侣博主，不包括那些以情侣身份出现但内容并非记录恋爱内容的博主。相比情感博主，他们不需要什么原创能力，只要是男帅女美，让人看着赏心悦目即可。说到底，这类博主是靠脸吃饭的，大部分都缺乏业务能力，并且迭代非常快。同理，"搔首弄姿型"的博主也是如此，每隔一段时间就会有某个小哥哥或小姐姐莫名爆红，然后又快速被遗忘，他们就像互联网上的流星，灿烂却转瞬即逝。

中层的博主大多在某个垂直领域有一定深入的研究，有相应业务能力，有固定的粉丝群，并且可以持续产出内容。由于垂直领域的划分正好可以对应不同品牌的受众和传播需求，这些博主也是大部分品牌方重点关注的对象。

中层的博主数量众多，但同时良莠不齐且真假难辨。尤其是健身博主、时尚博主和美妆博主，他们中有相当数量的人实际只是P图博主。比如，许多时尚博主并不会花心思研究时尚风潮或者穿搭风格，也没有什么时尚观点，因为他们把大量心思花在跟品牌公关社交、出席各种品牌活动、发微博这样的事情上，从而给人一种很红的错觉，以便收到更多的品牌邀约。而你认为很厉害的健身博主，很有可能就是你平时在健身房见到的那些"举铁五分钟，拍照一小时"的人。曾经有跟我们相熟的品牌方抱怨，找了一个微博上很红的健身博主拍广告，结果这个博主连一个俯卧撑都做不了。

在这些博主里面，能力良莠不齐。相比这些健身、时尚博主，微博特产——段子手却显得格外出众。段子手几乎可以算是微博的初代红人，他们文笔幽默犀利、搞笑精辟，往往仅凭三言两语就可以获得大量网友排队转发。在自媒体这个词还没有蓬勃发展时，银教授、韩饭桶、留几手这样的段子手就靠着个人魅力在网上吸引了大批粉丝，哪怕到了自媒体竞争如此激烈的现在，他们依然没有过时。

可惜由于"爱豆文化"的兴起，微博很大程度上变成了一个追星平台，各大明星的粉丝团纷纷将"控评"视为一种战略，催生出一种奇怪的"杠精文化"，导致现在的段子手在微博发言时也不敢随意调侃，生怕招惹哪家粉丝被"控评"。段子手们只好转战微信群自娱自乐，不得不说，这真的是广大网友的一大损失。

处于上层的博主，数量明显变少，也更加"难混"。比如游戏博主，要想成为一个游戏主播或者说游戏博主是非常困难的，游戏解说跟足球解说是同样性质的工作，只要想想成为一个优秀的足球解说员需要什么技能，大概就能明白成为游戏博主的困难有多大了。在音乐、电影和动漫领域也同样如此，如果你没有自己的观点，是很难吸引粉丝的。

博主的顶层，就是一些公共意见领袖和教育科普博主。其他层级的博主充其量只能影响一批粉丝，而这一层的博主却可以影响舆论导向。这些博主大多也有自己的社会身份，可能是经济学家、律师、大学教授或者知名媒体人等。这个层级的博主极少在社交平台上给品牌做推广，或者接所谓的"恰饭广告"，他们往往在发生重大社会事件的时候才会活跃起来。他们大概也不会认同"博主"这个身份。当然，随着网友的受教育程度日益提高，对世界的认知越发客观和多元化，公共意见领袖的一些发言不再受到一边倒的支持。

总而言之，自媒体圈的鄙视链大概遵循这样一个规律：有内容的看不上没内容的，洋气的嫌弃土味的，技术型的不待见用模板的，拍横屏的看不上拍竖屏的。

和其他行业一样，在这条鄙视链的背后还是经济因素在起作用。如前文所说，品牌广告主是有限的，而自媒体行业却有源源不断的竞争者涌入，要想分一杯羹，内容很重要，但流量更加重要。这是一个流量经济时代，KOL和明星一样，他们的价值不是由他们的业务能力决定的，而是由他们的流量大小决定的。有流量才有经济价值，流量越高，经济价值越大。然而吊诡的是，业务能力的高低和流量大小并没有必然关系。没内容的可以做"人民币玩家"，靠买流量走红，用平台模板拍的内容肯定能得到平台优先推荐——显然，流量的竞争不是一场公平竞争。因此，鄙视链越顶端的人，不一定赚得越多，但一定赚得越费力。

B站最顶尖的UP主的广告合作价格，跟抖音最红的博主不相上下（很多情况下，抖音博主的价格更高），然而B站UP主一条视频动辄7~8分钟，抖音博主视频最长才1分钟。B站UP主苦思冥想一整天憋出一个创意小故事，拿出各种型号的单反、gopro、录音设备进行录制，需要花费三五天才能交片；抖音博主花了半个小时设计了一个小桥段，调好滤镜，加个BGM，三四小时也交片了。B站UP主只好表示：无话可说，只好稍微鄙视一下抖音网红吧。

很多事就是这么简单，用网络流行语来解释就是：人类的本质就是柠檬精。我们大可不必说到鄙视链就觉得是个特别不好的词。自媒体圈也好，其他圈子也好，鄙视链的存在是因为我们生活在一个阶层还可以流动的年代，试想如果没有上升通道，"鄙视"才毫无意义。

　　再往深一层说，人的需求层次是多元的，因此才会分化出各种类别，一个人可能同时拥有高雅爱好和低级趣味，但他并不会因为自己的爱好高雅就高人一等。就像我们每次结束头脑风暴后也会聚在一块儿欣赏Giao哥的土味视频一样，我们既崇拜周星驰的喜剧技巧，也热爱Giao哥带给我们的最直接的快乐。

一个自媒体人
的收入

第三章

挤掉水分，博主能赚多少钱

前段时间，某直播红人斥巨资购入豪宅的新闻曝出，朋友圈里酸成了一片柠檬丰收的盛况。

玩笑归玩笑。对该知名主播的收入，我是发自内心地羡慕，并时刻希望他能带领自媒体人早日实现共同富裕。

过去我总以为，自媒体这一行的收入几乎是透明的——想知道谁家赚了多少钱，就要一份刊例报价，再看看他们上个月一共发了几条广告，再打听一下他们办公室的位置和团队人数，大致减去媒介折扣和人力成本，最后甚至能将其收入精确到个位数。

随着对同行、从业者、围观群众的了解的深入，我逐渐发现，这件事儿在不同人眼中都是不一样的，甚至同一人的嘴上说的和心里想的也不尽相同。

我见过一个常驻杭州的男性情感视频博主，逢人便说："在杭州一个月没有三万五怎么活！"而实际上，他从事金融行业且早已跨过收入"三万五陷阱"，做自媒体不过是爱好。这位博主被一众广告公司称作"三万五先生"，疫情隔离期间仍不忘直播。

我还认识一个靠三条视频名扬天下，旋即开办公司的自媒体创业者。他立志做短视频界的韩寒，结果从那以后无论是日常内容还是广告都令人难以下咽，最终为守护梦想只好卖房续命。更别提每年都有各种×××青年富豪排行榜商业合作，×××电影节商业合作，×××国际论坛商业合作，不少自媒体人的名字都曾出现在这些商业合作当中，但实质上只是徒有其表。

当然，身处这个行业之中，这些事情我们完全可以理解——这些都是自媒体人商业价值自我营销的一部分。毕竟，除了不断生产优秀内容以外，自媒体人还需要来自其他层面的背书才能提高自身的品牌溢价。

自媒体人的收入并不都像外界认为的那样，动不动就月入十万、百万。实际上，自媒体人的收入构成更接近于半夜备料凌晨出摊卖豆浆、油条的早点铺子，既不神秘，又充满各项算计——在计件收费、按劳取酬的同时，还需要计算清楚"摊位费""城市管理费""卫生费"等一系列与收入并行的支出。

变现，靠内容 or 流量？报价的秘密

要想知道自媒体人到底能赚多少钱，我们就要先明白一个问题：自媒体的市场价格究竟是由谁来制定的。

相信每一个有"网红梦"的年轻人都有这样的幻想：某天自己拍的某个视频突然刷屏爆红，由此有了源源不断的流量和关注度，然后就有广告客户找上门来，自己的事业就起飞了。

这个幻想有着非常丰富的现实基础，因为许多自媒体人确实就是这么干的。

可广告价格真的由自媒体人决定吗？

实际上，很多自媒体人都没有仔细想过这几个问题：为什么我的视频只能卖两万块，多报五千都会被客户残忍地拒绝？隔壁的视频也不比我精彩，为什么他就能卖到五万？同学阿明在公众号上写文章，一篇居然要卖七八万，图文竟然比视频还贵？

面对这些问题，稍微有些广告经验，或者从事过一段时间商业

化运营的人可能会告诉你："所有的报价，最后都由广告公司拿去给客户比价，所以客户才是价格的决定者。"

客户是广告价格的决定者吗？也许能决定一部分。因为如果客户真的有定价权，他们没有理由不采取更极端的方式为自己节省成本。实际上，这也是许多广告客户无法理解的问题。

前面讲过自媒体行业的基础逻辑，在这个行业，下层围绕"内容"进行交易，上层围绕"流量"进行交易。在交易的下层，"内容"的质量本质是通过流量来体现的。所以自媒体的本质就是流量买卖。显而易见，自媒体的定价其实是由真正能够出售流量的平台来决定的。

现在我们来介绍两个简单的传统概念：CPM和CPC。CPM（Cost Per Mille），叫作"每千人成本"，是非常早期的广告计费方式。就是按照每一千人的广告展示量来收取固定费用。在广告还只处于报纸、海报、电视插播等模式的时候，这个概念应用最广，至今也仍在使用。CPC（Cost Per Click），叫作"每点击成本"，是在互联网之后出现的，是一种按照每次点击来计费的广告收费模式。举个简单的例子，你打开抖音的时候，总是会先弹出一个动态或静态的广告，这就是所谓的"开屏广告"，一般是按照CPM模式计费的。因为不管你点不点，打开软件时你总会看到它。假使这个广告贴片本身还能链接到新的网页，比如，当你点击"斗地主"三个字之后跳转到新的选择页面。那么，一般情况下，这个点击也会被收取一次费用，这就是所谓的CPC付费。

每千人成本　　　　　　**每点击成本**
(Cost per 1000 impression)　　(Cost per click)
即被展示一次就要收钱　　即被点击一次才收钱

图3-1　CPM和CPC的收费方式

CPM的概念被广泛地应用于各大门户网站的广告链接、搜索引擎的竞价排位。CPC其实是CPM在网络时代的进化版本。在网络世界中，被展示不一定意味着被看到，但能"点击"则一定意味着被看到了。

无论是CPM还是CPC，广告客户最终产生的消费都会很清晰地反映成"送达"或者"点击"，让客户知道自己的钱没有白花。而平台则进一步根据广告最后的实际效果来决定要不要涨价。

当然，我描述的仅仅是一种假想的平台售卖状态。实际上，平台不会把开屏广告这样简单地卖出——开屏作为黄金广告位通常价格远高于平台流量价格，并且不是谁都能买到。但各大平台都有相应的基础广告位。比如，在每一篇的微信公众号文章中，你总能看到官方插播的小广告，这个就是按照CPC进行计费的，并且微信公众号的所有者会获得分成。

在抖音信息流中，能刷到像正常内容实际上是广告的视频，点进去可能是广告页面，也可能是客户官方账号，这个就有可能是CPC和CPM复合计费。同时，和各大搜索引擎广告一样，自媒体平台广告也会竞价。

很显然，每个平台自媒体人的平均广告价格，或者说自媒体内容的售价换算成CPM、CPC都不可能与官方平台的流量价格差距太大。当自媒体内容的均价高于官方流量售价时，客户就会直接把钱打给官方——虽然可能单个效果不如自媒体，但成本算下来还是划算的。

当自媒体内容均价低于官方流量售价时，官方自然也会采取降低所谓"大盘"流量价格的方式来吸引广告客户，而此时自媒体就会发现自己价格低而没人投放——散户降价怎么可能打得赢操盘手呢？

所以，从本质上讲，作为自媒体人，你都没办法真正决定自己的内容售价。你的收入实际上是由平台收入的平均水平决定的。你最多能控制自己的价格，像曲线一样围绕着平台流量价格上下浮动而已。

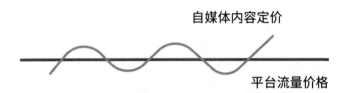

图3-2　自媒体内容定价随平台流量价格波动图

　　这对于想进入自媒体行业的年轻人来说相当重要，意味着你要选择好平台进行发展。

1 个粉丝 = 1 块钱？每个平台大不同

和行业鄙视（其本质是行业竞争的结果）相比，平台间的鄙视多少代表着不同平台自媒体人商业合作价格的上限，同平台内的鄙视又大致代表不同类别自媒体人商业合作价格的上限。注意，我这里说的是上限，不是总量。

1. 微信公众平台

毋庸置疑，微信公众平台自媒体人的价格上限最高（当然，其中的头部自媒体通常不仅仅存在于微信，几乎在全平台都运营账号）。这是由微信本身的体量和App属性决定的——迄今为止华语世界第一，无人可敌的熟人社交网络。

因为内容的传播必须依靠固定的社交圈向外扩散，那些能够得以生存和发展壮大的内容，必然专业性、垂直度、领域话语权都很高。换句话说，微信公众号自媒体内容的含金量更高。

另外，微信公众平台作为中国自媒体营销行业的诞生地（在此之前，我们只有"社交媒体营销"，即在新浪微博、人人网、论坛、贴吧等平台进行营销），吸纳了大量的专业广告从业者、社交媒体营销从业者、前纸媒从业者。这些人把他们固有的商业运行方式几乎原封不动地搬了过来，这其中自然包括利用CPM/CPC报价来衡量自媒体内容的价格。

自媒体其实很难像"社交媒体营销"时代的媒体那样，给客户提供具体、即时、量化的投放数据预测。这套精确的计价方式虽然在内容端并不适配，但在很大程度上起到了"稳定物价"的作用。在这套逻辑判断系统里，正常的公众号自媒体CPM报价都在800～1500元，相当于1个粉丝1块钱或者1个阅读1块钱左右——这大致与微信MP（微信广告的广告投放入口）平台在不设置任何投放限制条件下给出的单个粉丝价格相当。

不少广告公司、客户会在心中设一个他们觉得是"常模"的CPM——通常为1000块，以此为标准去和博主的报价比较，从而有"某个博主价格偏高，1个阅读居然要5块钱"或者"这个博主性价比真划算，1个阅读才不到5毛"这种没什么意义但可以影响投放决策的结论。

虽然我不赞同广告公司和客户使用这种方式去判断投放的性价比，但如果作为其他平台的参考系，微信公众号的价格还是相当具有"常模"的价值的。如果把"流量"视作一种货币，那微信公众号流量的币值兑换人民币常年稳定在一粉比一元上下浮动，以此为标准可以去判断其他平台博主的报价是否合理。

大约在2018年，我和一个专门做自媒体营销的朋友聊到了报价，当时他们对微博博主价格合理性的评估就是以同细分领域内微信公众号作者的报价为参考的。当微信公众号关注量在微博博主粉丝量1/2至1/10之间，报价大致相等时，就算是正常。

比如，同样是宠物类账号，微信粉丝50万的账号报价，差不多和微博粉丝100万到500万的博主报价相当，这种情况就算是正常的。而这100万到500万粉丝的微博博主报价高低，又取决于宠物这个领域客户的预算水平和账号内容的细分，100万的宠物美图账号，报价大概比100万的宠物健康知识类账号低1/5。

2. 微博平台

相比微信平台自媒体人稳定的价格逻辑，微博博主报价的两极分化十分严重。少数当红程度接近于"二线明星"的博主，基本可以按照1粉1块的价格卖一条140字以内的微博，加图时另算钱。而相当一部分粉丝体量虽大（如大家熟知的各种营销号）但内容水平和专业程度都一般的博主，内容发布价格几乎跟发新闻稿差不多。但即便这样，微博好歹也是中国自媒体营销市场绝对的两大阵地之一，只要你有内容就有市场——养家糊口虽难，但赚个零花钱还算容易。

相比之下，其他信息流自媒体平台的市场大体处于少部分人赚钱，大部分人都有价无市的状态。比如，小红书、什么值得买、豆瓣和抖音。前三者本质上是因为专注垂直领域流量、内容增值空间小、平台生态小而稳定，目前还很难向外部扩张，抖音则是它特有的赢利主张造成的。

微信和微博平台自媒体价格的差异其实是平台管控方式造成的。微信和微博赢利主张类似，但管控方式截然相反。

微信属于典型的抓大放小。对微信平台来说，平台流量是"大"，阀门要紧握在官方手中。因为微信是网络世界里公认的流量蓄水池，而且只进不出，除非你找官方去买，而买的方式、定价、逻辑流程跟自媒体毫无关系，只与官方规定有关。

除此之外，微信公众号从事各种"自由交易"也都要按照微信的条条框框来。比如，微信虽然不反对公众号相互导流吸粉，但对公众号导流吸粉的传播活动有相当多的限制。微信公众号理论上可以打国家法律允许的任何广告，但实际上广告可以经由"粉丝投诉"这一途径被直接撤掉。你也可以在你的公众号里卖货，但你的交易场景必须是在微信框架内，不然就会被屏蔽。这些对微信来说都是小钱，它也并不从中谋利，只是实行了严格的监管。

而对自媒体人来说，微信的赢利主张和管控方式抬高了微信生态里流量的价格，使这个平台上的自媒体人收入相对稳定并比其他平台偏高。

而微博则不然。在微博的框架内，你可以做任何"买卖"——如果你恰好在微博追星，这点你肯定比我清楚。与微信不同的是，但凡涉及平台流量，所有的交易，微博都会给你提供正规的平台入口供你使用。这也就意味着几乎所有的交易都要给微博"交税"。

反过来说，只要交易给微博分成，微博就允许你做任何不违法的事情。

微博流量经常被官方花式贱卖导致流量通货膨胀，失去了衡量内容价值的意义，内容在很大程度上完全依靠自身价值定价。但不管怎么说，在微博这样庞大的陌生人社交网络中，一个"给所有人留活路"的交易体系，不得不说还是相对科学的。

3. 抖音平台

抖音的情况比上面的两个平台都复杂。简单来说，抖音"全都想要"。抖音达人在抖音平台上很难通过内容本身的价值实现变现，报价的高低"好像"是依据流量大小变化的，但矛盾的是，流量的大小在很大程度上又是由抖音平台把持的。

首先，抖音是完全依靠算法的内容平台。在内容逻辑上，创作者必须遵循抖音制定的游戏规则，否则很难得到算法推荐，遑论流量价值。

其次，抖音官方对广告客户的售卖逻辑，也是利用内容算法逻辑。而算法逻辑是不需要考虑内容本身价值的，这等于从根本上切断了内容创作者的广告售卖自主权。在抖音上，虽然广告客户也可以直接找博主下单，但在抖音官方售卖体系之外的一切交易都不受抖音平台保障。就算客户通过"星图"（抖音官方的达人接单平台）下单，平台为了强化官方售卖的广告产品价值（比如，我们刷抖音时经常看到的官方账号推送的广告视频，或官方账号为自己投放的抖音达人购买信息流推送的广告短视频），也会在算法上弱化那些给平台交了"税"的私单。从平台的商业化角度看，这当然是无可厚非的，但对自媒体人而言，抖音等于强制性二次剥削了自媒体人的价值——先是流量价值，然后是内容价值。

因此，抖音的算法操作，怎么看怎么都更像是朝着MCN机构靠拢——迫使自媒体人"卖身"为平台打工。而签约抖音官方的自媒体人，广告权益当然能有所保障，毕竟能直接给平台赚钱。

简单总结一下三大平台自媒体人的商业合作价格分布状况，你会发现它们的特点是不一样的。

（1）微信平台平均流量价值高，自媒体价格与流量、关注数基本成正比，价格阶梯分布从百万元到千元，甚至几百块都比较完整，差异也比较明显。

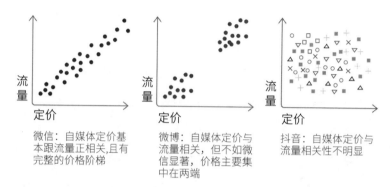

微信：自媒体定价基本跟流量正相关，且有完整的价格阶梯

微博：自媒体定价与流量相关，但不如微信显著，价格主要集中在两端

抖音：自媒体定价与流量相关性不明显

图3-3 微信、微博、抖音上的自媒体定价与流量关系图

（2）微博平台的平均流量价值极低，自媒体价格与流量、关注数也存在正相关，但差异其实并不显著。而且缺乏完整的价格阶梯，自媒体价格主要集中在两端。

（3）在抖音平台上，自媒体收入与流量相关性非常不明显，甚至可以没有任何联系。虽然一部分依附平台生存的自媒体人在小范围内，按照平台的规则被划分价格阶梯，但大部分自媒体人实际上并没有有效的市场价格。这主要是因为平台既能决定博主的流量价值，又能决定博主的内容价值，只使用抖音的内容，作者实际上无法自主判断自己内容的优劣，也无法给出真正合理合适的报价。

接下来我们讲一下B站的商业合作价格。这是个非常有趣的话题，根据现在公开的情况来看，B站博主的合作报价着实不低。B站博主的价格虽然和微信平台类似，都由流量价值代表内容价值，呈现高低分布，但实际上完全不是一回事。

在不少内容算法推荐平台致力于把内容流量社交化的同时，B站的自身属性使其早就有了一套独特而强大的社交体系——弹幕和评论社交。

这种看似"小特色"的形式脱胎于日本的N站，实际上是把平台内部活跃度与内容本身高度绑定，进而让内容生产者、内容传播者、内容使用者这三者关系与身份高度模糊乃至同化。不少纯粹依靠兴趣爱好驱动的创作者，大部分都在无偿为B站创作内容（当然平台会通过投币、打赏等制度补贴作者，但这远远达不到其他平台的市场价格水平）。

在过去传统的纸媒界有一个经典的关系比喻：一份好的报纸，一定遵循"作者是孙子，编者是爸爸，读者是爷爷"。这种关系在微博、微信乃至抖音上都有所体现，在B站则不然。

结果就是，平台对流量与内容的管控力度都很弱。

事实上，这造成了B站无论是官方流量还是创作内容都出现价值被低估且不易被售卖的情况。比如，B站知名UP主敖厂长被曝接到了一条60万的广告，受到了平台网友的强烈质疑。

以敖厂长在游戏领域的声望，如果是微博或微信平台，这个价格实属正常，但在B站因为广受质疑，敖厂长最终只好删除广告并退还了合作费用。

　　对于B站，我目前的看法是，它是一个非常适合创作者进行内容创作的地方，它有着相当好的内容创作环境和非常严苛但有建设性的观众。而在内容作者的商业化运作方面，它暂时还不是一个成熟的平台。我相信2020年会是B站全面商业化的开始，活跃在B站上的内容创作者也一定能厚积薄发，迎来属于他们的春天。

有合作，就有割肉：自媒体的中间商

说了这么多，可能有人就会对"买一台相机开始拍视频——我红了——我可以赚钱了"这个很多人口中的简单逻辑有所怀疑了。

事实上，平台价值是自媒体内容价格的基本面，而中间商则是自媒体内容价格的最大影响者。

无论是广告公司、公关公司、自媒体营销机构，还是MCN机构，抑或是单纯的中介，都可能对自媒体人最终赚到的钱产生重大影响。

因为所有的报价，最后都会由广告公司拿去向客户比价，这个中间商一定是要赚取差价才能保障自身的利益。同时，无论是客户还是自媒体，也都不能避免像广告公司这样的中间商的存在。

究其原因，到目前为止，还没有哪个自媒体内容投放方法论可以同时解决人为因素造成的广告效果偏差和虚假数据制造的广告投放失误。自媒体广告投放，依然是一门需要依靠大量人力劳动的专业技术。

客户在进行广告投放的时候，该怎么在同样品类、同等量级的自媒体中确定哪些更适合自己？如何在数据反馈都相差无几的情况下分辨不同自媒体内容的优劣？究竟以什么样的标准来界定效果的好坏？面对一样有趣的毛毛姐和朱一旦，选择谁性价比更高呢？

对自媒体人而言，这些问题其实是在问如何让客户真正理解你内容的真实价值，不至于在你付出自认为超负荷劳动的同时还觉得被你占了大便宜，以及如何让自己的内容被适合自己品类的客户看到（前提是你清楚自己所属的品类）。

要回答这些问题，需要对品牌与自身内容有清楚的了解。同时，还要用大量的真金白银去验证答案的真伪。事实上，靠自媒体人本身很难做到这一点。

我的经验是，要反复与优秀的广告公司、自媒体营销者建立联系。让这些合作方理解你的内容，明白你的表达方式，最好是让他们喜欢你的内容。这是能够迅速建立良好、互信的合作方式的唯一办法。

在这样的基础上，作为自媒体人，你应该怀着一种希望自己熟识的代理公司多赚钱的心态进行工作与沟通。

作为自媒体创业者，我要给有志从事于此行业的人士一个重要忠告——必须慎重选择你与各种代理机构间的利益分配方式。慎重的最低标准就是你所能承受的最大让利。

下面我来简单介绍一下现存的自媒体与各种第三方代理机构间主要的利益分配方式。

1. 纯粹单次商务合作

这是最基础、最原始的合作方式。广告公司为客户购买你单次、某个系列或固定次数的内容广告，按照你的刊例价乘以一定的媒介折扣比例付费。而他们向广告客户收取的费用则是你的刊例价乘以不明比例（也不是没有可能低于他们对你的采购价格）加上对客户收取的服务费。这是大部分自媒体人遇到的最常见的合作形式。

这种形式唯一需要注意的一点，就是尽量不要为某个或某些单一客户开出远低于你平均价格的折扣，否则容易给自己造成破窗效应，同时，一定要在合同上注明你所能接受的账期底线。

2. 以固定折扣或报价承诺固定购买次数或者总金额的商务合作

一般，最好以季度为时间单位，或以年为时间单位，多数时候这种形式又叫"年框合作"。

　　一般来谈这种合作的广告公司，通常会给你一个非常可观的总投放金额承诺，如一年两百万，以此换取比常规市场合作更低的单次报价，如让你打个五折，或者约定好不管你的刊例在这一年里涨到什么价位，只要合同没过期，卖给他们的时候都只能一条五万块。

　　如果有不止一家自媒体营销公司、广告公司找你谈这种合作方式，那么恭喜你，这是你在市场上真正得到认可的标志。

　　在自媒体营销的早期，由于客户极不稳定，有相当一部分自媒体人都签过这种看上去有保障的合同，而且很多合同上约定的合作时间甚至都不止一年。

　　虽然他们的合作方确实在履行保障金额，但刊例价格的暴涨使自媒体人总有赔了的感觉。因而，这种合作形式对一些虽然增长缓慢但发展稳步的自媒体来说是非常好的，可以让他们在相当长一段时间内不用担心客源问题，省去专门为开辟客户花费的时间精力而专心从事内容生产。

　　但相应的，如果你对自己的内容预期非常良好，当你签署这种协议以后就必须做好准备，应对在接下来不知何时开始就要被对方占便宜的沮丧心理。

　　不管怎样，"年框合作"仍然是一种相对健康、公平的合作模式。毕竟，站在广告公司的立场，他们实际上也是在用未来预期的客户花费为你可能的爆发增长提前买单。只要在合同中明确写明你排斥的客户类型、合作方式，并能与对方达成共识，你就相当于有了一个专业的外部市场团队。

但需要注意的是，大部分的"年框"或"半年框"并没有太大强制力。

合作的最大约束力其实来自你的业务增长能力，因此，如果你在合作期间内容质量下降，或者内容效果减弱，代理机构也很有可能想方设法地提前终止合作。

3. 保底合作

这是"年框合作"的进阶版。机制与前者相差无几，唯一的差别是代理机构会直接用一个固定购买金额，分期或一次性付给你。在完成付款后，只要还在购买时间内或者没有超出购买的内容次数，他们仍可以继续给你投放广告，但不需要额外付款，或只需要支付极少的价钱。

也许你会问，怎么会有自媒体选择这样的合作方式呢，这不是赔钱吗？

事实上，这种合作方式确实很容易造成损失——特别是代理机构一方。毕竟能让自媒体人同意这样的合作方式，广告公司必须能开出一个不可拒绝的条件。比如，你经营的自媒体前一年总营收是

450万元，对方保底一年，每月最多6次投放，就给你1000万，你干不干？

实际上，在真实的保底合作案例中，往往并不需要开出往年营收翻倍的价码，自媒体方就很容易接受。毕竟保底意味着"有没有广告都会给钱"，而对于自媒体人来说，能固定营收甚至比翻倍增长更有吸引力。

很多时候，只要合作方靠谱，广告合适，保底合作就是自媒体最喜欢的合作方式。毕竟这类似于代理机构跟你签了一个对赌协议，无论对方赢利与否，你都稳赚不赔。

当然，对签这种协议的广告公司而言，好处是超出保底部分的就是净赚。而同时，为了让此类协议有更好的履行效果，在这种情况下，代理公司就一定会提出另一个名词——独家代理。

4. 独家代理或部分独家代理

顾名思义，独家代理就是在合同期内，你的商务代理权只授权给某一家代理公司。

部分独家代理，就是某部分特定内容（这一部分可能是内容类别上，可能是发布位置上，需要视情况而定）只授权给某一家代理公司。

这两类代理并不是保底合作的附属品，只是出现在保底合作中的可能性极高。

无论在何种情况下签署独家代理协议，你都必须清楚一件事，就是你们合同期内的关系已经开始实施捆绑。

因此，没有任何附加条件的独家代理甚至部分独家代理协议，对于自媒体人来说都是极为冒险的。

独家代理意味着你只能接受对方的广告投放，却不意味着对方只能对你进行投放。虽然理论上对方和你签了协议却不给你投放广告对他们来说也没什么好处，但实际上不保底的独家代理风险还是很高的。

我的建议是，无论对方给你什么样的承诺，无论对方看起来多么友好，无论你们私人关系多么深厚，无论你现在的刊例价格到底有多低，都不要轻易签署独家代理协议。就算有保底或年框合作作为基础，你也一定要对独家代理协议上的每一个字眼进行专业的法律审核，并详细敲定对自己有利的解约条款，以明确规定对方的责任与义务。

据了解，许多自媒体人都已经签署或曾经签署过完全没有保障的独家代理协议或部分代理协议。通常，都是与MCN机构签订的。

5. 与MCN合作

虽然不能算作一种合作方式，但鉴于近年来MCN已经成为行业的显学，并大有愈演愈烈的趋势，我想把它作为一种合作方式单独讨论。

其实，只要是运营良好的MCN机构，这种合作并不是简单的"空手套"，而是大资本和流量交易上层介入自媒体市场后的必然趋势，是更接近于流量变现的本质运营逻辑。MCN的本质就是内容平台流量变现的手段之一。

显然，MCN机构追求的是高效率的流量变现。它一定会给能够实现当下最有效的流量变现模式的自媒体以高奖励和高度流量倾斜。

那么，怎么理解当下最有效呢？如果你在2010年之后关注过电竞领域，并恰巧是游戏迷，那你很有可能体会过"被肉松饼支配的恐惧"。

卖肉松饼一类的小零食一度是电竞主播的主要收入来源，许多电竞主播的第一桶金就来自肉松饼而非比赛奖励。

如果你打开搜索引擎搜索"可以传家的菜板"这个标题，就可以看到一系列以同一篇文章为蓝本的产品销售内容广告，它最初是2015年前后当时某著名饮食类文字自媒体发布的菜板推文。

这篇文章在之后长达五年的时间里都被用作各种自媒体营销的

教材，因为它号称清空了该厨具公司大中华区全部的菜板库存，比过去在超市里一年的销量还高。

几乎没过多久，一个国内知名的众筹平台则依靠文字自媒体矩阵的形式开始了相当独特的推广，并一轮接一轮地融资。

再往后，一个知名时尚类自媒体推出了与mini公司的联名款汽车，并在文章发布当天号称售罄。

这些都是当时非常热门的自媒体营销事件，也是当时被追捧的相当高效的自媒体流量转化方式。只不过，当时MCN机构还未流行。

到了2019年，直播带货又回流成一种风潮。由于网络销售技术的跨越式进步，直播的效率大大提升。在产品层面上，直播终于给出了一个看似可以解决客户在营销端长期存在的一个问题的答案。如何在品牌营销的同时进行商品销售？

实际上，每次直播时，品牌方都完成了一次带精准数据的品牌推广，外加库存清理。这也是资本方、流量持有方最乐于看到的。流量价值也可以非常精准地进行统计，并高效地转化。所以，MCN机构当然又大规模地介入了直播领域。

自媒体几乎永远不可能跟随资本的风向分一杯羹。从2019年开始，文字类自媒体整体上营收不断下滑，很难像前两年那样常规卖货，短视频类自媒体迅速兴起、爆发，而紧接着几乎在同一时间Vlog又盖过了短视频的风头，但这二者在2019年末同时输给了直播。

所以，当你并不是一个"高效率的流量转换器"时，接受资本——现在表现为MCN机构的扶持，你就要始终思考一个问题：该如何提高自己的效率以致不被资本压榨？

很显然，如果你不具备李佳琦式的流量变现能力或潜力，MCN机构就不可能会给你相应规模的流量倾斜——而这却是MCN机构能给你的最好的东西。

但同时，很多MCN机构不仅具有独家代理的功能，还会附属股权协议，即用他们的资源来换取你持有内容固定比例的股份份额。

显然，越是弱势的自媒体，在加入MCN机构时要交换的股份份额就越多——这几乎是必然的，因为你缺乏谈判资本。而这样的交易并不会因为你走红、内容质量提升而有所改变。

如果处在一个良性的循环中，你不断地提升内容质量和影响力，就越受MCN机构的重视，它给你的流量扶持和商务资源就越多，你的营收就越高，即便大比例分成给MCN机构，你依然会赚取相当多的利润。

但如果这个循环不够流畅，你就极有可能疲于完成公司制定的内容任务，一不小心还会被罚款，即使有广告，收入也非常少。

你必须承认，尤其是在直播类、运镜歌舞类和广泛的缺乏独特专业技能的内容领域，许多已赢利的自媒体已经陷入了恶性循环。当然，他们的收入情况依然会比普通工薪族好一些，但这绝不是你对自媒体行业收入的想象，对吧？

一个自媒体人的养成

第四章

"两微一抖"+B站的玩法全攻略

　　微信、微博、抖音、B站、快手等社交平台，就好像我们现实生活中的一个个小区。每个小区的开发商、物业、绿化、居民结构都不太一样，尽管这个小区的居民可以自由地去隔壁小区串门，但你也只能在本小区内才可以惯常地跟邻居打招呼，和熟悉的人拉家常。

　　尽管大家都在同一片互联网海洋中冲浪，但平台与平台之间是很难互通的。除了少数像Papi酱这样火爆全网的自媒体人或KOL，大部分网红的走红都受限于特定平台。比如，敖厂长、老番茄等人是B站数一数二的顶级流量，他们创作衍生出来的"梗"被B站网友玩到飞起，但在微博平台上他们就鲜少被人提及。

　　朱一旦之前是抖音上的当红流量明星，但直到2020年，他拍了《一块劳力士的回家路》，才在微博和微信平台上声名大噪。

　　我从2018年开始就已经在微信公众号上产出了多篇刷屏爆款文章，但直到2019年微博粉丝才破百万……之所以有这样的区别，与平台的发展历史和运营逻辑密切相关。了解不同平台的个性，可以帮助自媒体人在创作内容的时候更有针对性，并提升涨粉效率。

下面我着重以"两微一抖"外加B站为例，向读者朋友分享一下我们在不同平台上的创作心得。

之所以选择这四个平台，一方面，是因为我们自己的内容主要是在这四个平台进行分发的，且这四个平台也是目前最主流的内容平台。在这四个平台哪怕任意一个平台上拥有一定流量，实现商业化都不成问题。另一方面，B站是我们今年非常看好的平台。大家都知道Youtube在国外是一个非常优质的视频平台，上面聚集了世界各地有才华的创作者。在中国，B站是目前最接近Youtube的视频平台，已逐步开始"破圈"的B站将会是下一个流量宝地。

图4-1　微博/微信/B站/抖音四大平台基本特性图

　　图4-1展示的是四大平台的基本特性。根据各个平台的运营逻辑，可以粗略地将微信、微博和B站划入内容平台这个类别。其中，B站又和微信与微博有着显著不同，这个我们在后文中会详细讲到。

　　如果拿传统媒体来做个类比，微博和微信更像是传统的报纸或杂志，用户需要订阅才能看到，而平台上内容的影响力则取决于平台本身的"发行量"。B站类似电视台，用户有各种频道可选择，具体看哪个频道的什么节目，则取决于用户自己的喜好。因此，这个平台内容的影响力很大程度上取决于这个频道的收视率。

　　抖音是跟微信、微博和B站都截然不同的平台，它是基于算法的平台。抖音这个平台可以类比为上门推销。只要你为推销员开门，推销员就会把内容展现在你面前，并且这个推销员非常善解人意，他给你看的内容十有八九你都会喜欢。

　　作为历史较为悠久的平台，微博和微信的商业模式十分清晰且相对固定，像是新媒体里的传统媒体。前面也讨论过，这两个平台更加注重内容价值，因此要想在这两个平台上走红，内容一定要突出。微信是一个封闭的社交平台，也就是说，你朋友圈里的人在很大程度上代表了你所属的圈层。一些公众号的新手在做内容的时候很容易进入一个误区——希望自己的内容被尽可能多的人看到。这当然不是不可能。我们稍微想想，什么样的内容最有可能被所有人转发到朋友圈呢？除了国内外突发的爆炸性新闻，就是一些全民关注的大型八卦了。总之，能被大多数人转发到朋友圈的自媒体内容屈指可数。

你可能要说："不对啊，我在朋友圈经常看到一些刷屏爆款，很多人都在转啊！"

但别忘了，一个微信号能添加的朋友上限是5000人，如果你加满5000人，这5000人都转发了同一条内容，根据我们的统计，一个朋友圈转发平均能带来10次左右的点击，也就是说，即使5000人都转发了同一条内容，那么这个内容最后顶多也就能被50000人看到。

而2019年微信最新统计的日活跃用户数量是11亿人。这么算没有加入长尾传播的增长数量，自然是相当粗糙的。但通过这样粗略的计算，你大概已经能得出了一个结论。

一个人的朋友圈里面只要有几百上千个人同时转发一个内容，就可以造成"这是一篇刷屏爆款"的假象。但实际上，这篇内容只是刷了你的手机屏，只是属于你朋友圈的爆款而已——人们会习惯性地以为自己周围的人在谈论的东西是大部分人的流行话题。因此，对于普通的自媒体人来说，在微信上要让自己的内容被所有人看到是不现实的。

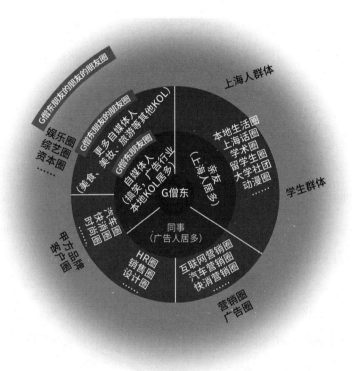

图4-2　G僧东微信公众号在朋友圈的传播路径

　　如图4-2，以G僧东为例，微信公众号内容在朋友圈传播是从与传播者本人密切相关的中心圈层向外扩散的过程。

　　朋友圈里的传播是同心圆模式，从和内容最紧密相关的圈层开始慢慢往外围扩散。比如，如果你写了一篇与金融相关的内容，你朋友圈里从事金融行业的人看完都不想转发，那么基本上这篇内容就很难出现在任何人的朋友圈里了。

　　微博平台与微信平台的传播逻辑类似，但成因略有不同。微博是一个开放的陌生人社交平台，但微博不像抖音那样会依据机器对用户喜好的判断向用户推荐内容，你看到的内容绝大部分依然是你关注的账号推送的。也就是说，你看到的内容依然是根据兴趣标签进行划分的，并且你只有关注了才能看得到，没关注就很可能看不到（虽然微博也会在评论或信息流里面夹杂推荐的内容，但这些推荐几乎都带有"广告"或"推荐"的标识，多数时候会被用户直接划过）。

　　那么，什么情况下你会注意到你没有关注的新账号呢？

　　就是你原本关注的账号转发或者推荐了某个新账号的内容并且被你看到以后，你才有可能去关注那个新的账号。

　　和微信朋友圈略有不同，用户在微博上通常会选择关注很多不同的兴趣标签，因此微博上的传播更像是不同兴趣圈子的接力。比如，一个美妆博主在微博推送了一条化妆视频，首先被关注的粉丝看到。这些人当中可能有一个人恰好是某明星粉丝团团长，转发这条视频后，被该明星粉丝团里的许多粉丝看到了。大家都觉得很好，于是许多该明星的粉丝也转发了。而其中一位粉丝恰好有个好友是搞笑大V，他非常喜欢这条内容。于是，他也转发了并被自己的粉丝看到……

　　微博上的传播就是这样一环接一环地从一个兴趣标签人群向另一个兴趣标签人群进行接力，越传越广，在理想状态下，将最终触达最大的那个兴趣标签——微博网友。以G僧东为例，微博传播逻辑类似一个拓扑图，或者像一棵树，如图4-3，一个博主的内容就是一颗种子，通过枝干上不同兴趣的分类并有一定影响力的传播，最终通过不同枝干传递至树叶，即广大微博网友。

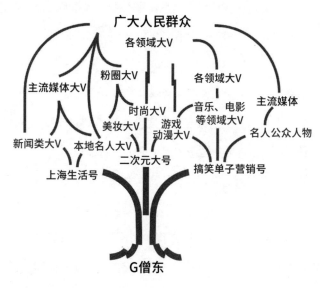

图4-3　G僧东微博传播逻辑图

　　因此，微博上的内容传播，同样需要打入某个阶层才能"跑起来"，尤其是如果你的内容被微博的活跃群体——粉丝群体、二次元群体和营销号群体（微博上专门用作营销的账号）等关注、转发，那么就等同于搭上了传播的特快专列。

不过在微博上就算没有被主动转发也不用着急，微博是"人民币玩家"，几乎每个人都可以买到流量。

B站是一个非常特殊的平台，它的特殊性来自这个平台的历史。

在短视频大行其道之后，B站在影响力上一跃成为与"两微一抖"相提并论的平台，但实际上B站的基因与"两微一抖"完全不同。

微信是熟人社交App，微博是陌生人社交App，而B站则是弹幕视频网站。读者朋友们应该从这三个平台的定义上就能看出差别。

首先，App是基于手机的，网站则基于电脑；"两微"是社交平台，而B站则是视频平台。换句话说，B站的"亲兄弟"实际上是腾讯、优酷。但与普通视频网站不同的是，B站因为有弹幕这个元素的存在，无形间为平台增加了一层社交功能。与此同时，B站是在二次元文化基础上发展起来的按兴趣区分的社区，这意味着B站实际上是一个具有论坛性质的视频网站。因此，B站也存在某种和算法推荐看起来极为类似的机制。B站视频的"素质三连"（点赞、投币、收藏）、充电数、转发评论数、弹幕数等数据越好，被推荐给用户的可能性就越高，被推上首页的可能性就越大。

　　这看起来好像是和抖音类似的一种机器推荐机制，实则不然。B站的本质是"网站+论坛"，这个网站是不存在信息流的。打开B站首页，你看到的是依据不同兴趣分区给你的推荐视频，不同的人打开B站首页看到的是相同的兴趣分区和相同的推荐视频。也就是说，在B站首页出现的视频并非B站"推荐"给你的视频，而是B站将兴趣分区当中的"素质三连"、充电数、转发评论数量最好的视频展示给你。换句话说，在B站，视频播放的数据最后会变成展示权重的标准，数据越好的视频，展示权重越高，越有机会被放在视频所属分区的显著位置。当用户搜索某一兴趣分区当中的视频时，权重越高的视频越会被放在前面。

　　除了按照权重排序以外，B站的"网站"属性使得这个平台的编辑有权利选择在首页展示不同的内容。微博和抖音的编辑只能控制热搜的内容，至于首页是哪条视频，他们是没有权利决定的，但B站编辑如果发现在某个分区有一条特别精彩的视频，他是有权利直接把这条视频放上首页的。

　　因此，B站的内容传播方式更像是一种末位淘汰制。当你在B站发表了一条视频之后，网站会依据你在发表该视频时选择的分区和兴趣标签，帮你把这条视频展示给这个分区和这些兴趣标签下的用户。看到这条视频的用户会通过"素质三连"、弹幕、转发等行为为这条视频打分，分数高的视频会逐渐被优先展示给这个分区和兴趣标签下更多的用户，分数低的则会逐渐失去被优先展示和打分的权利。慢慢地，分数低的视频就被分数高的视频"挤"到后面不容易被发现的位置，直到网站上再也没有用户能发现这条视频，如图4-4所示。

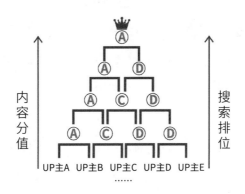

图4-4　B站的内容传播方式图

　　因此，要想成为一个在B站上走红的UP主，基本只有拼内容。你的内容一定要比大多数跟你身处同一领域的UP主优秀，让自己获得用户打出的高分，获得比较靠前的展示权重才行。

　　然而，抖音是不折不扣的算法平台，抖音会不断根据你的喜好推送给你可能感兴趣的内容，并且你看到的内容就是为你量身定制的。你和你朋友同时打开抖音，你们俩看到的内容会完全不同，这就是所谓的千人千面。

我们刷抖音基本是不需要任何思考的，只要点开App，划动手指，你喜欢的内容就会一条接一条地扑面而来，并且你刷得越多，这个平台就越"聪明"，推荐给你的内容，你就越喜欢，这也是为什么我们很容易刷抖音刷得忘记时间的原因。

从短视频作者的角度而言，这个平台上的用户并没有订阅或者搜索的习惯，他们更加习惯于被动地接受平台推荐给他们的内容。因此，短视频作者的内容能被多少用户看到，基本99%的因素都取决于平台是否会为你的内容"推流"了。幸运的是，抖音的推流规则都是非常量化的客观指标。

清晰的流量规则对谁最有利呢？当然是对MCN机构最为有利！优化平台流量资源本身就是MCN机构的强项，何况MCN机构通常财雄势大，哪怕无法跟平台达成流量交换的协议，也可以选择直接"硬刚"。

因此，大型MCN机构一开始做抖音的时候基本都是直接买上百台手机。旗下博主一旦发布视频，上百台手机立刻去点赞、评论，把这条视频的数据指标做上去，以此"骗"过机器筛选，让机器将这条视频放入更大的流量池。

早期，有许多抖音红人都是这样被MCN机构包装出来的。总体来说，在抖音中不管多好的视频，只要不符合机器指标，就不会被推荐，更不会被看到。

拿完播率举例，一条10秒的视频很可能比一条1分钟的视频推荐量高，因为看完10秒实在太容易了，而1分钟的视频，哪怕拍得跌宕起伏，观众中途放弃的可能性也比10秒的视频要高10倍。

我们在运营抖音的时候，不止一次被提醒：别发长视频，影响完播率，完播率很重要！另外，抖音平台的流量几乎是百分百往自身的平台活动倾斜的，这也是为什么会出现那么多抖音神曲、抖音手指舞、抖音配音。

所以，对于短视频作者来说，在抖音，"术"比"道"重要，尤其是刚刚开始的时候。按照平台的规则，搞明白推荐指标，才会让你的内容被更多用户看到。讲了这么多，简单总结一下这四大平台各自的特点。

（1）微信是封闭的社交生态，传播靠圈层之间的互相渗透。这个圈层可以是职业、性别、年龄、社会身份和某一特定话题等。

（2）微博是开放的社交生态，传播依靠兴趣圈层的挨个扩张，可以靠"充值"开"外挂"。

（3）B站是传统网站加论坛的社交生态，传播靠在某个兴趣分区当中击败竞争对手，可以靠"人情"开"外挂"。

（4）抖音是"算法即正义"的社交生态，传播靠修炼平台套路，"一心跟着平台走"更有机会获得流量支持。

接下来通过几个例子，我向大家详细分享一下不同平台的内容偏好。

下图是我们拍摄的短视频《知乎用户线下饭局实录》在四个不同平台的数据表现。

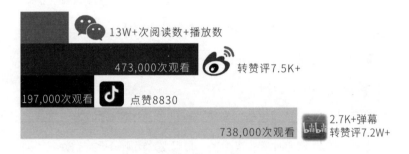

图4-5 《知乎用户线下饭局实录》微博/微信/B站/抖音平台数据

图4-6 《知乎用户线下饭局实录》视频截图

可以看到，同一条视频在不同平台的受欢迎程度差距是非常大的。显然，这条视频在B站最受欢迎，播放数超过73万，弹幕数和

"转赞评"的数据也非常可观。

但与之对比强烈的是在微信平台，这条视频的阅读数和播放数加起来不过才13万多。那么，这其中的差异是什么原因造成的呢？

这条视频内容是关于几个知乎用户在饭局上相遇，然后开始用知乎的话术聊天，互相炫耀生活的。

这条内容是很有门槛的，这个门槛就是你能否听懂知乎上一些知名的"梗"，如"谢邀""匿了""人均985"等。如果你不是一名互联网的资深用户，那么看完这条视频后你很可能一头雾水；但如果你平时非常喜欢网上冲浪，那么你看完一定会会心一笑。

这条视频在B站的表现可以说是一枝独秀。究其原因，是因为B站上几乎全是互联网资深用户。他们不仅对这些"梗"了如指掌，对"梗"的原创能力也是最强的，这条视频对B站用户来说在理解上毫无压力，并且正好迎合了B站用户喜欢玩"梗"的天性。大家纷纷在弹幕上发言互动，满足了娱乐需求，因此这条视频在B站上的表现自然很好。

而在微博平台，这条视频的表现则比较普通，不到50万次的观看不能说差，但也绝不能说好。微博平台上的用户虽然也比较年轻，但大家来微博并不是为了好玩儿，大部分人上微博是为了"吃瓜"和猎奇来的。显然，这条视频既不符合用户在这个平台上的心理预期，也无法通过兴趣圈层去达成传播效果，毕竟在微博上几乎不太可能出现一个叫作"知乎"的兴趣标签。

在微信公众平台，这条视频的表现就非常普通了。哪怕微信公众号是我们影响力最强势的平台，这条视频的阅读数也才破10万而已。这其中最大的原因当然是这个话题没有精准"打击"到任何圈层。关注我们公众号的粉丝哪怕有5万人是知乎资深用户，按照2%的公众号打开率，最终看到这条视频的人大概也就只1000人，而这1000人的朋友圈中是知乎的资深用户恐怕就更少了。

除非这1000人当中有一个是知乎的创始人或高层，看到这条视频觉得很有趣，分享到朋友圈，并因此产生了二次和三次传播。或者有人将这条视频分享到知乎的员工大群或知乎的核心用户群，这些群成员看到后又分享到自己的朋友圈。

除了这两种情况以外，我们实在想不到这条视频有什么其他途径可以在微信公众号里走红。

而在抖音平台上，由于这条视频超过3分钟，对抖音用户来说太长了，必然会影响完播率，所幸点赞率和评论率还不错，因此进入了抖音四次曝光的流量池（抖音流量池首次曝光是300左右流量，二次曝光是3000，三次是5万左右，四次差不多在20万左右，每次曝光平台会分析各种数据，决定是否投入下一批流量池）。

另外一个可以作为典型的例子，是我们拍的短视频《现在的电视机都是垃圾》在以上四个平台的数据表现。

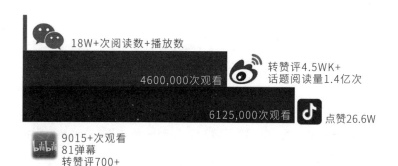

图4-7　《现在的电视机都是垃圾》微博/微信/B站/抖音平台数据

图4-8　《现在的电视机都是垃圾》视频截图

这条视频在微博上登上了热搜，这里不能不提到微博的媒体属性。微博除了社交平台的属性以外，还兼具媒体属性。许多明星、政府机关、新闻机构都在上面拥有自己的账号，每当逢年过节或者有任何重大社会事件发生的时候，大家都习惯性地上微博看热搜，参与话题讨论。

因此，具有社会意义的话题在微博上是非常容易引起关注的。我们这条视频虽然是吐槽，但实际上反映的是"老年人使用电视机不方便"这个广泛存在的社会问题。

老年人生活的便利性显然是个民生话题，这条短视频说出了一个民生的痛点，于是引发了微博网友的转发讨论。大家自发为这条视频创建了微博话题，引来更多人关注并参与讨论，最后被主流媒体转发上了热搜。包括朱一旦的《一块劳力士的回家路》在微博上被疯转也是类似的道理。因为视频本身顺应时事，道出了社会问题，外加制作精良，爆火是必然的。

而在微信公众平台，这条视频跟前一条的问题是类似的，没有精确到圈层。上一条是圈层太窄，这一条则是圈层太广。

但不同于知乎那一条视频，电视机人人家里都有，老年人用电视机不方便这个问题也是许多人深有同感的问题。因此，这条视频在公众号平台其实是可以刷屏的。怎么做能让它刷屏呢？

你可以参考我们另一条视频《现在的汽车广告都是垃圾》的经验，这条视频在当时可以说刷爆了上海广告圈和全国的汽车营销圈。

这条短视频的刷屏是如何实现的呢？

实际上，这条视频刚刚推送出去的时候，数据增长是非常缓慢的，尽管我们事先预料到了这个情况，但还是不太甘心，因为我们认为这是一条很好的内容。

于是，我提议："不如把这条视频转发到广告从业人群里试试。"同时，由于我之前服务过汽车品牌客户，我便把这条视频转发给了一些汽车营销机构的朋友和汽车的品牌方。

"一石激起千层浪"，在这条视频推送一小时后，平缓的阅读曲线突然出现了陡增，阅读量猛地上涨，后台一下涌入许多留言，都是说：我是××汽车品牌市场部，从××汽车品牌负责人朋友圈看到过来的。

显然，我们周围的广告公司朋友和汽车品牌方的朋友圈又辐射到了更多的广告人和汽车行业人士，于是这条视频一下就在圈子里刷屏了。如果我们认识电视机品牌的厂商或者服务电视机品牌的广告公司，那关于电视机的视频多半也会刷爆他们的朋友圈。

这条视频在B站的糟糕表现倒是完全在我们意料之中。在B站，电视机这个话题我们发布时都不知道应该放入哪一个兴趣分区，以及除了搞笑外还能添加哪些兴趣标签。

电视机这个话题在B站上有些非主流了，外加这条内容也没有太多可以让B站网友玩梗的空间，自然不会受到B站粉丝的欢迎。

在抖音平台的爆红，是我们意料之外但又在情理之中的事情。

原本，我们以为这条视频又会被完播率拖累，但因为这条点赞率非常高，所以被推到了百万级别的流量池，通常到这个流量级别抖音就会有人工审核了。突破了机器的算法阻拦后，抖音编辑看到了这条内容觉得不错，又帮我们将其推到了级别更高的流量池。

看完以上两个例子，我们简单总结一下在这几个平台上什么样的内容更容易获得广泛传播。

（1）在微信公众号，做圈层明确的内容，最好配合社群传播。标题很重要，最好在标题中能直指某个圈层的特点或问题（对于公众号上做什么内容比较容易红这个问题，我后面还会讲到，因此前文没有详细举例，感兴趣的读者可以在后面的章节中留心阅读）。

（2）在微博，有社会性、有社会意义的内容。

（3）在B站，有"梗"的内容，最好能对应B站最大的几个兴趣分区（如鬼畜、游戏、美妆、动漫等，但游戏、动漫这些分类不太建议希望靠拍视频养活自己的新人进入，具体原因后面的章节会提到）。

（4）在抖音，有简单直接、情绪密集的内容，最好能开宗明义。

隐形的红线：审核的那些事儿

在了解了不同平台喜欢什么内容以后，我们还得说说各个平台不喜欢什么内容。

如果说各个平台的喜好差异性比较大，并且不那么容易捉摸，那么平台不喜欢的东西相对就明确多了。

《中华人民共和国广告法》（后文简称《广告法》）禁止的、危言耸听的、恶俗虚假的、有违国家规定的内容肯定不行。但这些内容，相信正常的自媒体人都会自觉谨言慎行，不去触碰。

作为自媒体从业者，我们认为平台的监管还是十分有必要的，尤其考虑到很多平台的使用者都是未成年人。

作为内容创作者，只有熟悉各平台的审核风格，才能帮助我们避免踩到红线，才能使我们的内容顺利被平台用户看到。

通常，几大平台的审核风格总结起来，大概是这样的。

微信、微博：平台宽松，群众监督，先发后删。

B站：明确告诉你哪里不行。

抖音：你猜哪里不行？

微信和微博的审核机制都相对宽松，微博相比微信更宽松一些，甚至常常让你感觉不到审核机制的存在（也有说法是微博是事后审核）。如果你在微博被限流或者在微信平台发布内容时发现迟迟无法发送成功，那么有很大可能你被平台审核机制看到了。

一般这两个平台不会明确地告知你的内容哪里有问题，你只能靠经验删掉可能有问题的内容。这两个平台相对也比较尊重人民群众的呼声，如果你的内容被多人投诉，那么很大程度上会被平台直接删掉。总的来说，凡符合我们国家法律规定的内容都可以在这两个平台成功发布。

B站的审核标准和微信、微博差不多。但不同的是，B站的审核更加细致入微，服务也更加人性化。

如果你的内容没有通过平台审核，你可以联系B站编辑，他们会明确地告知你的内容在几分几秒不行，或者哪个画面、哪句话存在敏感内容。B站常常能注意到其他平台忽略的、可能存在误导性的内容。

抖音的审核就时常让人感觉摸不着头脑了。常常一条视频发出来之后效果很好，但你还没来得及高兴，就被平台删除或限流了，并且平台不会告诉你到底有什么问题。你只能自己"揣摩圣意"，或者托一些"内部人士"找抖音审核部门的人打听打听，但通常收到的回复都模棱两可。

尤其是"星图"平台的审核，简直可以用无厘头来形容。按理说，"星图"平台的广告投放流程听起来十分科学：先由客户下单，然后抖音达人接单，接单后创作脚本、上传，抖音审核脚本通过后，达人开始制作视频，制作完成上传抖音，之后先由客户审核，再由平台审核，完成后发送。

往往在最后一步之前，抖音平台是不会发表任何意见的。等你把视频拍好上传，等待发送的时候，平台才会告诉你脚本里有敏感词、某个话题平台不允许讨论、某个画面违反平台规则，但具体应该删哪里、改什么，抖音一般不会明确地告知你。

曾经有一个客户的广告视频，我们改了一个星期，抖音审核都不给通过。最后，实在想不出有任何可能违反平台规则的内容，我们抱着试试看的态度又把原视频重新上传了一次，居然就审核通过推送出来了。

总体而言，微博审核速度最快，微信和B站其次，而抖音的审核快慢没有规律。如果你希望自己的内容在这几个平台同时发布，那你可要费点儿心思了。

除了审核的问题，自媒体人还有一件事是非常需要仰仗平台协助的，就是版权保护。众所周知，哪怕是图书、音像制品等线下渠道流通的商品，其版权问题都还有很大进步空间，更何况是线上的视频作品。

为了保护自己平台上的创作者和内容，当自媒体人遭遇侵权和被抄袭的时候，平台都会帮助创作者进行追责。但对于平台来说，这种帮助仅仅是一种"人道主义援助"，而不是一种责任，这种"人道主义援助"力度的大小，往往因平台而异。

微信的原创保护是做得最好的，这源于微信公众号一开始就以图文为主，平台能比较方便地检测到两个公众号之间是否存在抄袭，但这种检测跟论文查重差不多。如果遇到刻意洗稿，还得靠人工举报，但能否举报成功就不一定了。

短视频的侵权问题就更难界定了，因此，在微博和B站遇到被抄袭、被洗稿的情况太正常了。

我们的视频内容隔三岔五地就会被各种营销号搬运，有的还会注明来源，更多的是直接当作自己的内容发出来。但这种情况还算好的，因为原封不动地搬运，我们也就当作多了一个分发渠道。而有的视频博主会直接将视频的音轨抽出来，加上自己制作的动画发布。最恶劣的一种情况是直接将我们的脚本扒下来，原封不动地重拍一条，甚至连镜头的角度和剪辑技巧都丝毫不差。最后一种情况在抖音上最为常见，并且完全无法维权，因为抖音在某种程度上是"鼓励"这种做法的。

抖音平台本身就有一个叫作"翻拍"的机制，看到别人拍了一条酷炫视频，你也可以低成本地拍一条一模一样的。许多翻拍是建立在抖音本身滤镜和视频模板的基础上。

抖音鼓励自己的用户使用官方的内容模板进行拍摄，一方面是为了维持用户活跃度，毕竟这种模板嵌套的形式大大降低了视频制作的难度，只要有个手机，就能拍出酷炫的视频，实在对用户太"友好"了。

另一方面，这种一个模板千万人复制的方式，非常容易产生"现象级"的传播。因此，差不多每隔一段时间，就会出现一首新的抖音神曲，流行一种新的抖音舞蹈。

抖音上的用户潜移默化地将翻拍这种形式视为理所当然，因此当他们看到有趣的视频时，自然不会认为拍一条一模一样的视频是一种侵权的行为，反而会认为被指控抄袭非常莫名其妙。

我们曾经在抖音上私信某个翻拍我们视频的网红，对方理直气壮地回复我们："翻拍怎么了？"

在版权问题上，自媒体人处于弱势，我们曾经就版权保护的问题专门请教过律师，律师告诉我们，遇到抄袭和侵权可以采取法律手段，但由于举证艰难，处罚也往往不痛不痒，维权所需要消耗的人力、物力、财力比起胜诉后抄袭者受到的惩罚来说，实在得不偿失。

因此，许多博主在面对被抄袭时，除了打打口水战，争取舆论支持之外，真正采取法律措施的不多。

除了被网上的其他博主抄袭以外，哪怕是非常严谨的原创博主也很有可能不小心就侵犯别人的知识产权。视频博主制作视频的时候需要添加字幕、背景音乐，有时还需要将各种影视作品片段或风景图片作为素材，而文字、图片、音乐都是有知识产权的。

之前，Papitube旗下的视频博主Bigger研究所就曾因为字幕的字体侵权被字体公司告上法庭，闹上热搜。因此，短视频博主留心被抄袭的同时，也要提高自身的版权意识，避免在无意间侵犯其他创作者的知识产权。

平台之于自媒体人，就好比出版社之于作家。哪怕是一个非常有才华的作家，如果没有遇到一个喜欢自己的创作风格，并且能与自己合作无间的出版社，也很有可能终其一生都怀才不遇。

一个有才华的自媒体人也是一样，尤其对于刚刚进入这个行业的自媒体新人来说。结合自己的风格、擅长的内容和平台使用习惯，选择一个适合自己的梦开始的地方可能直接决定你内容的成败。一开始就希望自己的内容在所有平台走红，这既不现实，又浪费时间。

"恰饭视频"
的前世今生

第五章

万物皆可"恰饭"：不脱粉，靠什么

　　"恰饭视频"指KOL（尤其是视频类的KOL）以赢利为目的，与品牌合作制作的短视频。尽管"恰饭"这个词已经在网络语境中被广泛地理解为"赚钱"的意思，但有趣的是，这个词似乎是用来专指KOL接广告赚钱这个行为。

　　网友常常是这么使用这个词的，"恰饭时间到""又恰饭了""万物皆可恰饭""果然是恰饭""恰饭的套路"……这些说法自然是有才的网友在"玩梗"，但多少带着戏谑的意味。

　　对短视频的消费者——粉丝来说，做视频博主是一种兴趣，而不是一份工作，不接广告是常态，偶尔"恰饭"可以容忍，但如果长期"恰饭"，粉丝就很容易因为喜欢的博主越来越商业化而失望脱粉。

　　因此，不少视频博主本人在"恰饭"的时候，都多少会有种心虚的感觉，说不上为什么，就总觉得自己接广告不太好。博主如果在某段时间接广告接得多一些，还会跟粉丝道歉。

仔细想想，视频博主接广告，也是靠出卖自己的脑力劳动换取劳务收入，和厨师做饭、外卖小哥送外卖并没有本质区别。视频博主将自己的流量和创意作为商品出售给品牌方，然后将品牌方支付的报酬用来发展团队，优化拍摄器材，从而产出质量更高、创意更强的短视频，这听起来非常合理。

那么，为什么网友在谈论清洁工扫地的时候，不会说"他又恰饭了"；看到厨师做饭的时候，不会形容他是"恰饭的套路"；看到外卖小哥送餐的时候，网友也不会吐槽"果然在恰饭"。但偏偏看到视频博主接了某个"恰饭视频"的时候，就忍不住揶揄呢?

实际上，网友或粉丝并非不能够接受视频博主"恰饭"，一条脑洞大开的"恰饭视频"往往也会受到粉丝的争相转发。比如，我们曾经为沃尔沃汽车拍过一条短视频。视频一经发布便大受好评，粉丝、营销号、微博大V都排队转发，许多网友留言表示：这个广告拍得太好了，博主是营销鬼才。

这条"恰饭视频"并没有让我们的粉丝脱粉，相反，它比我们许多不含广告内容的短视频还要吸粉得多。说到底，粉丝并不抗拒"恰饭视频"，只是讨厌自己喜欢的博主"恰烂钱"。

所谓"恰烂钱"，就是指赚黑心钱，指KOL为了赚钱乱接广告而胡说八道。"恰烂钱"在网络语境中的范围相对比较宽泛。上至

KOL为某些不具备相关资质的品牌或商品进行虚假宣传，导致粉丝受诱导购买后遭受身心或财务损失，下至KOL接的广告植入部分太生硬，引起粉丝反感。在这个范围内发生的行为，都有可能被受众（粉丝）定义为"恰烂钱"。

往往前一种情况相对少一些，认定标准也非常明确，虚假宣传不仅是"恰烂钱"，还应该受到《广告法》和《消费者权益保护法》的惩治。后一种情况则比较普遍，且认定标准相对主观。很多时候只是因为"恰饭视频"的广告植入部分太过生硬，导致受众（粉丝）的观看体验不佳，受众（粉丝）就会表示"我不喜欢这条视频"。

他们不喜欢的原因当然不是因为眼红博主赚钱，而是不理解为什么博主在不接广告时，可以做出非常优质的视频，但一接广告，即商业化后，视频质量就直线下降。于是大部分人很直接地将其理解为接广告导致视频质量下降，于是自然而然地对"恰饭视频"产生抵触。

作为依靠粉丝和流量生存的视频博主，难道他们不清楚粉丝喜欢什么样的视频吗？当然不是。

那么，为什么他们很多时候明知"恰饭视频"会引起粉丝反感，却很难百分百避免"恰烂钱"的情况出现呢？要想回答这个问题，就要先弄清楚两件事：其一，"恰饭视频"最终呈现出来的样子是由谁决定的；其二，视频博主能接到什么样的广告是由什么决定的。

"恰饭视频"其实是目前短视频行业的一种主要业务，隶属于市场营销中广告投放的环节。甲方，通常是品牌方，一次广告投放不可能只找一个视频博主，也不可能只有短视频植入广告这一种形式。由于受众接受信息的途径是多元的，甲方便需要将不同的品牌信息投放在各式各样的媒体上，同时让同类媒体传递的信息有不同的侧重，这样才能完成一次全面的广告营销战役，让品牌信息的方方面面都能触达消费者。

"恰饭视频"作为广告营销中的新媒体平台的重要组成部分，甲乙双方在签订合作协议时，一定会有这么一条约定：乙方（视频博主）最终发布的视频成片需经甲方审核并批准方可发布。

综上所述，在制作一条"恰饭视频"的过程中，甲乙双方的关系就像指挥家与乐手。作为乐手的视频博主，哪怕演奏技艺再高超，也要服从指挥家的调配，才能与其他乐手配合得当，从而使广告营销这场交响乐得以唱响。

因此，作为指挥家的甲方才是"恰饭视频"的把关者和决策者。甲方的审核水平决定了"恰饭视频"的成片质量。这么说并非是甩锅给甲方，好像拍得不好的"恰饭视频"都是甲方的问题。因为甲方作为指挥家，他们关注的是整个"乐团"的受众习惯和偏好，难以自下而上地将某个"乐手"的粉丝喜好与自己希望传达的品牌内容有机结合起来。

作为乐手的视频博主当然有责任，也会尽量向指挥家建议演奏某种最受自己粉丝喜爱的风格，但指挥家是不可能、也不会完全按照单个乐手粉丝的喜好去决定演奏曲目的。视频博主如何将个人风格与甲方需求结合，甲方如何平衡品牌调性与视频博主个人风格，双方在合作"恰饭视频"过程中针对这两个问题的角力结果（尽管大部分时候胜出的都是甲方），决定了"恰饭视频"最终的成片效果。

举个例子，我们曾经接过一条"恰饭视频"。客户是一家外资银行，他们的客户群体以都市已婚、已育的中产阶级女性为主。客户希望能从"斜杠青年"这个比较新潮的概念切入，带出他们银行的理财服务可以帮助客户更轻松地经营好"斜杠人生"。同时，由于客户是银行，在营销上，合规比有趣和创意更加重要。

我们讨论后建议客户不要从"斜杠青年"这个词切入，尽管这个词不算新鲜，但毕竟这不是一个所有人下意识就能反应过来的名词。

在碎片化沟通的社交平台，短视频的前30秒如果不能令网友完全理解你想表达的内容，那么他们肯定会立刻关掉视频。同时，G僧东的风格是滑稽、荒诞的，这种风格和"斜杠青年"这个词放在一起也是有龃龉的。

因此，我们当时建议客户从"中产阶级女性"这个更加高能、更符合G僧东调性的词切入，带出他们的理财服务。但最终客户没有采纳我们的建议。因为客户那次传播的主题是"斜杠人生"，他们希望所有媒介发布出去的信息都是一致的，同时也希望给自己的消费者强化他们的品牌可以让"斜杠人生"更轻松这样的信息。

为了兼顾客户的需求、G僧东的调性和社交平台的表达习惯，最终的"恰饭视频"成品就是这条《我呼吁：全职妈妈应该年薪百万！》。

图5-1 《我呼吁：全职妈妈应该年薪百万！》视频截图

从客户角度来看，这是一条好视频，因为它在符合要求的基础上还算有趣。从我们自己的角度来说，我们在能控制的范围内拍了一条还不错的"恰饭视频"。然而，从粉丝的角度而言，不好笑、好无聊的留言已经表明了他们的态度。

甲方、视频博主、粉丝三者之间需求的不同是"恰烂钱"这种行为发生的诱因之一。此外还有一个重要的因素——有的博主也许只能接到大概率是"恰烂钱"的广告。

视频博主能接到什么样的广告，是由博主自媒体的类型、风格和品牌调性的匹配度及博主自身的商务水平决定的。通常来说，博主自媒体的类型越垂直，能"恰"到的"饭"就越有限。最典型的就是游戏博主。

通常游戏博主能接到的广告95%以上都是游戏或和游戏相关的品牌广告，但不同于快消时尚行业，游戏不靠广告拉动销售。因此，受欢迎的游戏很少会做广告，需要做广告的大多是"渣渣辉"①这一类的游戏。产品的调性决定了与之匹配的广告内容的调性，在这种情况下，对于游戏博主来说，接游戏品牌广告"恰烂钱"的风险很高。但他们只有两个选择：一是不接广告，想其他办

---

① 渣渣辉：香港演员张家辉曾代言一款网页游戏，由于他普通话不标准，在该款游戏的广告语中将"我是张家辉"说成了"我是渣渣辉"。

法赚钱养活自己，如做游戏直播，但这个转换其实很难，做直播和做视频有着本质不同；二是接广告，B站最大的游戏博主敖厂长曾经"恰"过《大圣归来》这款游戏的"饭"，结果引得粉丝恶评如潮，最终以删帖告终。敖厂长未必真心想接这个广告，更大的可能是找他合作的大多都是此类广告主，他只能在差和更差之间选择没那么差的一个。

另外，还有一种广泛存在的情况，即某些KOL会与广告公司或者MCN签保底协议①。对于KOL来说，有了保底协议后就会在一段时间内有确定的收入。大部分自媒体人都是自雇人士，有一笔确定收入很重要。但同时，签了这份保底协议很可能导致面对一些不那么优质的广告邀约，KOL无从拒绝。

因此，"恰饭视频"这个词实际上是粉丝（受众）对于目前主要的短视频商业模式自下而上的一种定义。

"恰饭视频"这个词的使用情景和"恰烂钱"这种现象的出现，说明短视频这个行业目前的商业化模式还比较单一。同时，短视频还没有真正从行业意义上被大众熟知、理解和接受。

———

① 保底协议：MCN或者广告公司与KOL约定，一年至少为KOL接洽一定数量的广告，KOL则在价格上给予一定优惠，并不得随意拒接MCN或广告公司接洽的客户。

一条"恰饭视频"，值几套别墅

随着短视频行业的红火，许多视频博主月入百万的新闻不时被网友送上热搜。许多年轻人之所以涉足这个行业，也是冲着高收入去的，那么，一条"恰饭视频"到底能赚多少钱呢？

我们在第三章里面已经讲过这方面的问题，但那是在整个行业的定价体系上，分享了自媒体人的广告价格的底层逻辑，即自媒体的广告价格是由什么决定的，以及客户判断一个自媒体价格高低相对科学的标准是什么。在这里，我们简单解释一下从自媒体人的角度来看，在面对广告公司和客户时，他们应该如何去解释自己的刊例价构成。

通常情况下，自媒体行业从业者谈论这个问题的时候，一定会说到一个专有名词，叫刊例价。一个视频博主对外进行一条商务合作视频的报价，就是刊例价，也等同于大家口中说的"一条'恰饭视频'能赚多少钱"。

刊例价是由市场来决定的，一个KOL的流量[①]、内容质量、IP化程度，都是决定刊例价的因素。刊例价会根据市场营销周期、行业发展情况和KOL本身的发展情况上下浮动。通常在营销旺季，如情人节、"双十一"、圣诞节、春节等，KOL的刊例价会有一定上涨。在行业发展整体上行的时候，KOL的价格涨幅更快。比如，前几年公众号最流行的时候，公众号KOL的刊例价格就像股市一样一天一变，那时候如果哪家广告公司提前跟一个潜力巨大的公众号签订保底合作协议，那就像买了一只稳赚不赔的基金一样刺激。最夸张的时候，公众号刊例价一个月翻一倍也不稀奇（不过这种情况现在早已消失了）。

如果你希望知道某个KOL的具体的刊例价，只能通过直接与该名KOL或者与其所在的公司商务部门联系取得。就像明星有一线、二线之分，不同级别的明星出场的价格区间是固定的，KOL按照知名度（通常看粉丝量）和影响力（具体到KOL的类别、内容可以匹配的行业以及代表作的知晓度等）划分，也分为头部、腰部、尾部，不同"部位"的KOL价格区间也是比较固定的。

---

① 流量：KOL是否有流量不是以粉丝数量为单一依据，会综合考虑其他因素，如粉丝黏性。某些KOL粉丝数虽然不是很高，但粉丝黏性高导致带货转化率高，这些都可以算作有流量。

头部视频博主，如Papi酱、阿沁等，因为他们的传播性、知名度、内容质量和商务水平等均有保障，刊例价差不多都在百万级别；腰部视频博主，如戏精牡丹、老番茄、辣目洋子等，因为他们在某个圈层内知名度很高、内容质量也相对优质，刊例价基本也在二三十万至百万之间；尾部视频博主，由于知名度、内容水平、商务水平等相对较弱，刊例价也不固定，从几千到几万不等。

应该注意的是，头部视频博主之所以可以报出那么高的刊例价，跟其付出的生产成本是直接相关的。通常刊例价越高的视频博主，其付出的内容生产成本往往也越高。他们大部分都脱离了单打独斗或小作坊作业的状态，其团队人员分工明确，专业化程度高，商务合作形式规范，便于品牌方与之进行复杂程度更高、周期更长、规模更大的商务合作。

说得更直白一点儿，客户和头部博主合作时，头部博主通常会安排专人服务、倾听你的需求，降低沟通成本，即对你的这单生意全权负责。但如果跟尾部博主合作的话，很可能这位博主自己就是"产销、售后一条龙"，难免顾了这头忘了那头。

能跨界带货，才是"恰饭界"的王者

很多朋友，甚至是初次合作的客户都会问我们："你们的'恰饭视频'是怎么拍出来的？""那些创意是自己想到的还是客户给你们提供的？""拍一条这样的视频需要多长时间？"

接下来，我就以我们团队的视频制作实践为例，来仔细说说这些问题。

正常情况下，我们一条"恰饭视频"从无到有的制作周期大概是两周，如果加班加点地干，可以将这个时间缩短为5天。总的说来，整个制作时间的快慢往往取决于我们可以多快想出一条视频的创意。

我们团队制作一条"恰饭视频"通常要经历明确客户Brief、内容创意、拟出大纲、完善脚本、拍摄、后期、团队审核定稿和客户确认定稿八个阶段。

Brief，即客户的需求简报，明确客户Brief这一步尤其重要，是后续一切工作的基石。通常在Brief当中，客户会告知这次合作的项目背景、产品介绍、受众分析、传播目标、话题方向建议及相关的品牌补充信息。其中，产品介绍、受众分析、传播目标、话题方向建议这几点是最重要的，前三个信息在大部分时候会成为之后的创意原点，最后一个信息有助于理解客户的口味和偏好。

举个例子，我们曾经接过一则纸尿裤的广告，产品的特点是日本进口、材质透气、宝宝用完不会红屁屁。客户要求一定要带出该款产品的核心用户——白领和都市中产阶级。

我们的头脑风暴大多数时候是以客户需求为原点的。尽管客户对这条广告的需求非常明确，但G僧东本人是未婚、未育的男性，我们团队也没有任何人有孩子，显然我们对于纸尿裤这件产品没有任何使用经验。

如果从产品本身的卖点——透气、不会红屁屁切入，哪怕是结合网友和周围朋友的使用经验，也很难找到一个合适的角度，让整个视频故事变得很有说服力。所以，我们比较有利的切入点就只剩日本进口、白领和都市中产阶级这两个。和日本进口相关的热点词汇可能有代购、二次元、动漫、匠心——听起来都太宽泛，且乍一看都不够"刺激"，于是，我们很快放弃了这个方向，开始从"白领和都市中产阶级"这个方向进行头脑风暴。

当时有很多文章如《中产阶级的烦恼》《中产阶级鉴别指南》

《中产阶级鄙视链》等在社交网络上非常流行，尤其是GQ实验室发布的一系列关于中产阶级生活方式的漫画不断走红，让中产阶级这一群体成为时下的热点话题。从热点话题出发肯定是一个比较容易吸引点击的途径，并且也能很好地满足客户需求。

但如果只是说中产阶级女性的生活是怎么样的，最后引出中产阶级的妈妈会喜欢这款纸尿裤，就会存在两个问题：第一，G僧东强行男扮女装推荐纸尿裤会非常尴尬；第二，这种角度和方式听起来就变得很GQ实验室风，缺乏G僧东的风格。在制作创意短视频的过程中，我们收获了一个经验，如果一个群体本身没有趣味性，那么可以试试错置，将这个群体的特点移植到另一个不相关的群体身上，或是从和这个群体相关的群体身上去找梗。

因此，我们一下子想到"白领上班的时候谁在带孩子"这个问题，答案当然是白领的妈妈，也就是老阿姨。有孩子的白领会互相交流养孩子心得，那么有孙子的老阿姨之间肯定也会互相交流，这样自然就会交流什么纸尿裤好用。

中产阶级、老阿姨，这两个词听起来就"刺激"多了，并且老阿姨是G僧东的粉丝非常喜爱的角色。有了以上因素，基本这条短视频就合格了。如果要想做得更好，就要再在此基础上制造冲突，只有中产阶级和老阿姨两个关键点，发生的故事很容易演变成两个人坐在那儿东拉西扯，但如果这两个人之间有冲突，就会留出很多制造笑点的空间，于是我们又增加了老阿姨互相炫耀这个元素，最终完成了《中产阶级老阿姨社交Style》这支"恰饭视频"。

图5-2 《中产阶级老阿姨社交Style》视频截图

这条视频从创意到成片，几乎都是一次过，客户也没有提出什么修改意见，最后出来的效果客户也很满意，后来又和我们进行了第二次合作。许多粉丝看到这条"恰饭视频"纷纷留言说：纸尿裤的广告也能接？这脑洞也太大了！其实许多创意的背后更多的是日复一日的经验和对经验的反思。

事实上，80%的客户对我们短视频的创意都是一次性买单，这不仅要归功于我们之前在广告公司与客户打交道的经验，还要归功于我们的职业心态。

对于"恰饭视频"和我们日常更新的原生视频，我们将其分得很开。原生视频用来体现我们的热爱与创意，而"恰饭视频"则是短视频博主真正的工作，这份工作是为了解决客户的需求。我们要做的是用我们的专业给予客户最佳的创意方案，同时也是解决方案。

这也是我们认为明确客户Brief是制作短视频过程中最重要环节的原因。如果对客户的问题和需求都不够了解，即使创意再精彩，客户也不会买单。说甲方坏话在社交网络上似乎是一件政治正确的事情，我们自己也拍过一些调侃甲方的短视频，但调侃归调侃，请不要轻视你的甲方。一条精彩的广告视频之所以得以出街，不全是创意人员的功劳，很大程度上也是客户的功劳。

说到这里，可能很多人会好奇："这些客户都是如何找到你们的？"这就要说到关于"恰饭视频"的商务流程了。

现在我与大家分享几种比较常见的合作途径。

1. 慕名而来

客户偶然在朋友圈或者微信群当中刷到了某个KOL的视频，非常认可，通过微信后台留言或通过认识的朋友介绍联系了这名KOL，与之进行合作。比如，某个客户非常喜欢G僧东的短视频，但始终没有找到我们的联系方式。后来，这位客户的妻子在某个车友群中偶然发现了G僧东，并通过这种方式联系上了我们。

2. 广告公司

品牌通过广告公司接洽KOL合作是这个行业目前最为主流的业务模式。因为短视频和自媒体的本质依然是广告媒介，跟户外大牌广告、杂志广告和网站广告相比，仅仅只是载体的区别。广告公司（主要是指媒介投放公司）在这条产业链中起到的作用跟房屋中介一样，将好的"房屋"资源，即KOL介绍给品牌客户，从中收取服务费或提成。

有人会说，这不就是中间商赚差价吗？客户跳过中间商直接和KOL合作不是更方便吗？

的确，一些客户会通过采购直接去和KOL对接，希望以更低的价格和更直接的沟通完成合作。这个出发点虽然很美好，但充满挑战性。买过或租过房子的人都有经验，尽管房屋中介会收取不菲的服务费，但一个靠谱的中介的确能在买卖过程中为买家省下很多麻烦，尤其在谈价、签约、后期出现矛盾的时候。中间商作为中间人，能起到很好的调节作用。

同样的，对于客户来说，如果不通过广告公司对接KOL，就得事必躬亲。如果只是对接一个KOL也许还能分身有术，但通常一次广告营销战役（Advertising Campaign）会同时投放很多不同的

KOL，一些年度大型的营销战役一次性甚至会投放上百个KOL，在这种情况下，品牌方亲自跟KOL对接是不现实的。

只与一两个KOL合作的时候，客户直接对接或许能节省部分费用，但一次性投放多个KOL的时候就不一定了。广告公司通常都会有自己的KOL资源，并且经常性地与KOL或MCN合作，往往可以拿到比刊例价低的价格。在此基础上，广告公司不仅能为客户提供打包报价和配送资源，使客户在价格上获益，还能为客户提供相应的中介服务，节省客户精力。

除此之外，对KOL的投放也是需要策略的。如果客户预算无上限，把所有叫得上名字的KOL都投一遍当然是最好的，但现实中这样的土豪客户几乎是不存在的。对KOL的投放不是说谁红就投谁，有时候，粉丝几万的博主也许比粉丝百万的博主投放效果还要好。全网的KOL少说也有十几万个，客户不可能一一去了解，因此与一家靠谱的广告公司合作，客户受到的服务也肯定是物超所值的。从KOL的角度来说，在大部分时候，和广告公司合作比和客户直接合作更有利。这种优势体现在两个方面。

首先，我们之前说过，客户才是"恰饭视频"的大Boss。你想，在日常工作中，如果你希望跟老板谈涨薪，或者希望协调某项工作任务，由HR作为中间人代替你去跟老板谈，是不是比较不那么尴尬，也会更加有效呢？

广告公司对于KOL来说就是这样的中间人。我们在跟客户合作的过程中常常遇到一种情况，就是客户让我们做视频特效时，要求某文字突然在屏幕里炸裂，某个画面做成三维效果，要像某个综艺节目一样配一些漫画进去等。

稍微懂视频制作的人都知道，特效是一个独立工种，不是随便一个后期剪辑都能做的活儿。但客户会认为："我看别的视频都可以这样，你们为什么不可以？"

作为KOL，你如果去向客户解释短视频后期制作的各个流程和工种，客户只会觉得你是在推卸责任或者耍大牌，一不小心可能还会给客户留下"不好合作"的印象。这种时候，由广告公司出马去帮你"盘"客户，对解决问题来说至关重要。

其次，也是比较关键的一点，越是大型和知名的品牌客户，公司内部管理就越严密。反映到跟KOL利益最为相关的层面，就是品牌直接给KOL付款会非常麻烦。

在正常情况下，大品牌是不会故意拖款或者为难KOL的，毕竟KOL是一定范围内的公众人物，把KOL惹急了发视频曝光品牌，对品牌来说得不偿失。但要让大品牌按照KOL的心理预期付款几乎是不现实的。

常规的大品牌付款最起码都得先系统审批通过，再让大老板审批签字。这个大老板指的是本部门老板、法务的老板、财务的老板、采购的老板等，运气不好碰到企业财务审计，还得找审计负责人签字，这么一大圈流程走下来，少说也需要一个月时间。有的大品牌为了防止出现内鬼，超过5万元的付款就需要CEO级别签字，这个CEO三个月能"莅临"一趟国内就算你运气很好了。

KOL的工作都是一次性交付的，一旦推送就无法撤回，付款期越长，承担的风险越大。广告公司在这里起到的作用就和支付宝担保交易一样，广告公司可以先与KOL结算合作费用，再和客户结算服务费用。KOL不用担心自己付出了劳动最后回不了款，或被客户的账期拖垮。

当然，做到以上两点的前提是这家作为中间人的广告公司是正规靠谱的公司。遇到不靠谱的广告公司，不管对客户还是对KOL来说，都会苦不堪言。

3. 广告下单系统

市场上主流的社交平台都有自己的广告下单系统。比如，微信可以开通广告主、流量主功能，微博有微任务服务，抖音有星图和PICK两个广告系统。

微信广告系统的模式更接近于传统网站横幅广告（Banner）的概念。微博和抖音的广告平台相对完善，KOL想在这两个平台上接广告，必须先入驻平台广告系统。客户可以在这个系统里选择与哪位KOL合作，并且完成下单和付款的操作，跟在淘宝上买东西差不多，但通常比较知名的KOL都不会直接接受广告系统推送的合作邀请，依然需要客户事先与KOL达成合作意向，再从系统下单。

社交平台的广告系统是视频广告合作规范化的一环，KOL发布的广告内容同样需要接受《广告法》的约束，平台广告系统能起到帮助KOL过滤不符合《广告法》约定内容的作用。

通过本章的介绍，相信读者对"恰饭视频"也有了一个相对立体的认识。短视频从2016年真正兴起到目前的风靡，也不过才短短三年多。

这个行业依然处于快速发展和亟待规范的时期。大众当前对于"恰饭视频"的理解充分说明了这个行业的从业者依然处于一个比较尴尬的境地。一方面，相当数量的KOL都是"半路出家"，他们本身对于视频内容变现的逻辑缺乏理解，导致"恰烂钱"的情况屡屡出现，进而损伤受众（粉丝）黏性及大众对短视频行业的认知。另一方面，受众（粉丝）对于优质内容的需求是一直存在的，他们无法忍受"恰烂钱"的同时，对于恰到好处的植入广告是非常欢迎的。

要让受众（粉丝）广泛接受"恰饭视频"，KOL就要不断提升自己的业务能力，MCN、广告公司和品牌主也要不断地提升专业度。"恰饭视频"被接受的过程，也将是短视频行业不断走向专业化和规范化的过程。

G 僧东的变现之路

第六章

拍视频少点儿工匠精神，不是坏事

拍短视频最重要的是什么？

你可能会说是创意、内容、拍摄技巧……

其实不全对。

拍短视频最重要的是变现，通俗一点儿讲就是赚钱。

尝试过运营短视频账号的朋友可能都有过这样的体验。你感觉自己有很强烈的创作冲动，雄心勃勃地注册了账号，脑子里面有很多创意，你感觉每一条拍出来都能秒杀许多现有的视频博主。于是你尝试性地做了两三期视频内容，也得到了一些还不错的反响，然后你就开始感觉心有余而力不足，于是停更了。

为什么呢？因为短视频这个活儿在本质上是一个劳动密集型的工作。选题、拍摄、挑选素材、后期、上传、运营，每一个环节都异常烦琐，需要耗费大量的时间和精力。要么你对这件事情抱有万分的热情，要么你有大把的闲暇时间，否则你的耐心一定会先于创意和热情枯竭。

钱是最直接的动力。从现实来说，如果拍短视频这件事无法短期内（短期是指最好三个月内就要变现，最长也尽量不超过半年）实现变现，持续更新就是天方夜谭。

从创作角度来看，如果拍短视频无法变现，一切创意、观点和分享动机都只是你的"个人想法"。

需要特别说明的是，我们此处针对的是普通的个人创作者。如果你从一开始就签约了某个强大的MCN或经纪公司（但我们通常不建议这么做），公司给你发工资让你全职做视频。又或者你已经摆脱了生存的压力，单纯只为爱好和梦想买单，这样的情况就不在我们讨论之列。

在这些情况之外，请记住拍短视频不要养号，要从一开始就赚钱。

大部分短视频博主之所以做不到快速变现，是因为他们在两件事情上存在误判。

短视频是什么？

短视频的Key Stakeholder，即核心利益相关者是谁？

短视频是什么？不管你是怎么认为的，至少在前期，千万不要将短视频看作一件作品。短视频是商品，不是作品。

很多尝试成为短视频博主的人都有一个疑问：为什么自己拍得

好、演得好、剪得也好，但就是不如用手机随便拍的土味段子的浏览量高。

真的是因为现在网友的审美水平普遍偏低吗？或者是因为网友的品位都被那些审美糟糕的内容带坏了？

年轻人、有一些才华又不能算天才的人、一天班都没上过的人（也就是大部分的短视频创作者）很容易陷入这样的逻辑，但事实并非如此。

我们只要回想一下自己平时玩手机和看短视频的体验，就很容易理解这个问题。当你辛苦一天回到家，舒服地躺在沙发上打开各种手机App开始刷短视频，你此刻想看的是什么？唯有"哈哈哈"（有趣的内容）和"天哪"（猎奇、意想不到的东西）。

大家看短视频的心态都是非常"功利"的，不是放松就是凑热闹，如果想看出点儿审美或意义又不想花费太多时间，去看奥斯卡获奖短片不好吗？

因此，一旦你抱着"创作作品"的心态去拍短视频，你就会很自然地认为制作精良非常重要，继而被设备、布光、后期甚至字幕这些事情夺走大部分注意力。当你抱着一种工匠精神去制作短视频时，有极大可能的结局就是失败（除非你原本就特别擅长搞形式，打算做个技术流博主）。

短视频这个东西本质上不能叫"作品"，这也是为什么我们不说"创作短视频"而一直在讲"制作短视频"。不可否认很多优秀短视频创作者的作品具有审美价值和艺术价值，但相比趣味性和功能性，短视频的审美与艺术价值居于相对次要的地位。

综上所述，短视频的观看场景和播放载体决定了它的商品属性。而商品最重要的是功能性，对应的是消费者的问题或某种需求，所以在制作短视频的时候，抱着"这个内容能解决什么问题，满足哪种需求"这样的心态才有机会出爆款。如果抱着"我要创作出厉害的作品"这样的想法来拍短视频，最后只能得出"现在人的品位都被自媒体搞坏了"这样的体会，从而选择停更或者注销账号。

说完短视频的本质，我们再说说短视频的Key Stakeholder，即核心利益相关者。很多短视频新手在每次视频推送以后，都会特别在意粉丝的增长数，后台的粉丝增长曲线简直决定了他们当天的心情曲线。他们的潜在认知是，粉丝量大小决定变现多少。这个观点并不全对。

在刚刚开始的时候，将过多精力用来关注粉丝增长，这个事情的性价比是很低的。为什么呢？因为粉丝不会为内容买单（带货抽成、做微商变现或者直播卖货是另一套逻辑）。买单的人才是你的核心利益相关者——你的甲方。想靠视频内容变现，就要先搞清楚谁是甲方。

这里的甲方包括：品牌市场公关部、广告公司、平台方和媒体投放公司等。概括来说，营销圈的人都有可能成为你的甲方。

因此，在短视频账号运营的初期，你应该在意的绝对不是粉丝或网友。因为哪怕你在网络上叱咤风云，在全网拥有几百万真实粉丝，条条推送超过千万级别播放，如果甲方对你的定位、调性一无所知，那你也很难变现。

这样的事情，我在广告公司的时候真实经历过。我为某客户的一次重要的营销战役推荐了一名当时在社交网络上当红的视频博主，并且为这位博主制作了三页PPT的介绍说明、视频分享。我觉得这位视频博主的内容非常优秀，并极力说服客户启用该名博主。当最后方案被交到客户大老板手里时，大老板一句"这是谁啊？照片看着比较猥琐"就直接把那位博主给否决了。

所以，按重要性先后排列，品牌市场部负责人、广告公司客户总监、媒介投放总监和各大视频平台编辑才是你应该重点关注的核心受众——被网友认识并不重要，被甲方认识才重要。

刷屏爆款靠什么？快，再快一点

下面结合我们对"G僧东"这个真人短视频IP的运营经验，来具体说一下。

我们是在2017年下半年开始做短视频的。对于从零开始做短视频的人来说，遇到的第一大问题就是拍什么。虽然有一些自我感觉还不错的选题，但落实到实际操作中还是不知道从哪里拍起。

于是，我们观看了当时全网所有具有一定知名度的短视频博主的内容。对于没有任何视频拍摄经验的人来说，最快的学习方式就是模仿，先趋同再求异，先看看别人都在拍什么，再结合自己的情况找选题。

在看完Papi酱、杨家成、铁馆教练、辣目洋子等一系列知名短视频博主的所有内容后，我们发现女性、情感、老阿姨、职场和星座这些词都是高频内容标签。也就是说，围绕这几个标签拍的内容是比较多的，并且结合数据来看，效果也是相对较好的。我们猜测大概是因为互联网上的活跃用户大都是女性的原因。因此，这几个标签成为我们前期在内容选取上的主要选题方向。

与此同时，我们发现一个现象，似乎知名短视频博主基本都活跃在微博和B站。我们当时在微信公众号这个平台上已经用"打浦桥力宏"这个名称做了很长时间的图文账号，对这个平台相对更加熟悉，也有一定的粉丝基础。相反在微博和B站平台上，我们相当于要从零开始。同时我们还发现，短视频博主聚集在微博和B站是有道理的（当时抖音、即刻、微视之类专门服务短视频的平台都还没有问世），这两个平台对短视频这种娱乐化的内容更加友好。B站本身就是视频平台，微博则天生具有娱乐基因，而微信公众号是一个相对封闭的平台，适合相对有深度的内容或者图文形态的内容。

在平台的选择上我们陷入了纠结，一开始就要三个平台同时运营，对于我们当时的人力和精力来说都是不现实的。考虑再三，我们还是决定先从微信公众号发力，原因很简单：甲方的老大们几乎不看微博，这是一个完全以变现为目标导向的决定。通过观看其他短视频博主的内容，我们还得到一个意外的发现——BGM（Backgroud Music，背景音乐）非常重要！

面对同一个话题，有的博主的视频看完后给人的感觉很平静，虽然文案很好，但没有记忆点，而有的博主的视频看完后会让人心潮澎湃，忍不住点赞、转发。

这两种博主最大的差别其实在于节奏感。和音乐、小说、电影类似，短视频也要有起承转合才能扣人心弦，但由于时长所限，BGM在很多时候代替了情节的铺陈，对观众的情绪起到一定的暗示或引领作用（抖音的出现进一步证明了"创意不够，BGM来凑"这件事是完全行得通的）。

好的视频博主很会使用BGM来为自己的内容增加节奏感，很多时候，如果视频内容缺乏戏剧性，你又想不到更好的办法，可以试试后期配上一首跟内容相冲突的BGM来提升可看性。这个技巧在我们后来制作"恰饭视频"需要植入很多客户的品牌信息和产品点的时候尤其管用。

想清楚内容方向，选定了平台，学习了一些小技巧以后，我们在2017年的国庆期间推送了第一条短视频。

拍摄这条短视频的场景直到今天还历历在目，我们几乎是每拍一句都要看一段其他博主的视频，然后根据他们的画面呈现方式现场调整我们的打光、镜头、对白和表演方式。一条三分钟的视频，我们整整拍了一个下午（放到今天拍摄一条三分钟的视频，我们通常只需要2～3个小时），每句台词都重复说了不下20次。

由于一开始我们选择了"女性"和"情感"这两个内容标签，所以我们的前三条短视频分别是《女朋友车技差，该如何指责她？》《女朋友问"那个女生好看吗",该怎么回答?》和《天天沉迷于情感博主的毒鸡汤,你谈得好恋爱才怪!》。

图6-1　《女朋友车技差,该如何指责她?》视频截图

图6-2　《女朋友问"那个女生好看吗",该怎么回答?》视频截图

图6-3　《天天沉迷于情感博主的毒鸡汤，你谈得好恋爱才怪！》视频截图

推送短视频以后，我们发现效果和我们原本图文内容的推送效果差不多，并没有出现爆发式的增长。

我们马上重新对之前列出的内容标签进行复盘，认为问题可能出在"女性"这个标签上。前面说到当时大部分短视频博主都活跃在微博和B站，我们总结的内容标签也是从这两个平台上的内容得来。

"女性"这个群体在微博和B站属于活跃用户和相对比较垂直的一个圈层，但放到微信上来说，微信是基于熟人社交的封闭平台，"女性"这个群体在微信平台上的垂直度就被削弱了。而G僧东本身又并非女性，叙说女性情感类话题即便很有趣，也难以引起广泛转发。

如果内容是块石头，那么"女性"这个标签之于微博就像一个池塘，丢下石头后能激起水花，但之于公众号就像一片湖泊，石头扔下去顶多激起一丝涟漪。

于是，我们决定将受众进一步缩窄，以便在公众号这片湖泊当中也能激起一些水花。

结合G僧东本身上海人的特点，最终锁定了关键词"上海男人""上海女人"，于是便有了我们的第四条视频内容，也是我们的第一条朋友圈刷屏短视频《对对对，我们上海男人都是娘娘腔，上海女人都作得要死！》。

图6-4 《对对对，我们上海男人都是娘娘腔，上海女人都作得要死！》视频截图

在这条视频推送前一分钟，G僧东在办公室里非常笃定地对我说："这条肯定会爆的，你信吗？"

"不信！"我嘴上说不信，心里却七上八下。

推送后的前半小时，这条内容的阅读量也才5000出头，和平时的数字相差无几。我收拾东西准备下班，G僧东说："再等等，肯定会好的，你一定要在这儿见证我们第一条刷屏视频的诞生。"

又过了差不多半小时，阅读数开始一发不可收拾地向上蹿，几乎每刷新一次就有一千多的新增阅读，后台的评论蜂拥而至，清一色都是好评。

有了这条内容的成功经验，我们又接连制作了《上海80、90后小时候吵架大招"拿妈叫"！》和《只有上海人才懂的暗号》这两条短视频，都相继成了百万浏览量的刷屏爆款。

图6-5　《上海80、90后小时候吵架大招"拿妈叫"！》视频截图

图6-6 《只有上海人才懂的暗号》视频截图

这几条视频给我们的微信公众号带来了几十万的新增粉丝，彼时是2017年的12月，距离我们发布第一条短视频过去了两个月，我们已经拥有三条刷屏爆款了。

微信公众号做起来之后，我们开始着手扩展其他平台，第一个当然是微博。因为我们很明确这个阶段是往"钱"看的，当时微博、微信两个平台几乎垄断了全部的社交媒体投放预算，微博当然不能落后微信公众号太多。那会儿G僧东的这个微博还处在"野生"状态，只有两三千粉丝。针对微博这个平台，我们又调整了内容策略。正如前面提到的，微博是一个开放平台，它的用户更加广泛而分散，在内容上身段就要更低一些，要满足大部分人的口味和喜好。如果将公众号这个平台的内容比作古典乐，那微博的内容就是流行乐。

于是，我们又回到了"女性""情感"这两个关键词上面，但几次头脑风暴下来，并没有想到合适的选题。直到有一天下午，我叫了份外卖奶茶，G僧东一边喝一边说："每次我妈看到我喝奶茶，就像看到我吸毒一样！"他一边说一边模仿他妈妈训斥他的样子。

我灵光一闪，说："这个不是很有意思吗！你要是买奶茶被女朋友发现，女朋友肯定很开心，但是被妈妈发现，妈妈肯定气炸了。可以拍一下这个！"

于是便有了《普通女生、绿茶婊和你妈》这条短视频。在拍摄这条短视频的过程中，G僧东一边揣摩绿茶婊的状态，一边总结绿茶婊的行为模式，于是又有了《看完这条视频，男朋友终于把微信里的绿茶婊拉黑了！》。

图6-7　《普通女生、绿茶婊和你妈》视频截图

扫二维码看视频

图6-8 《看完这条视频，男朋友终于把微信里的绿茶婊拉黑了！》视频截图

这两条内容印证了我们对微博平台内容的判断，尤其是《看完这条视频，男朋友终于把微信里的绿茶婊拉黑了！》，是一条涨粉率极高的内容，基本上被百万粉丝的大号转发可以带来300～500不等的涨粉量。

这条内容既有趣又戳到了广大女性朋友的痛点，基本一次转发可以带来3000～5000的涨粉量。这条视频使我们第一次登上了微博热门（后来在B站发布这条视频后也登上了首页推荐），微博粉丝数也增长到10万以上。

与此同时，我们在公众号上的三条爆款短视频引起了甲方的关注。我们总结，这应该很大程度上得益于我们选择了"上海人"这个垂直的内容切口。要知道，超过半数500强企业的大中华区总部都在上海，几乎所有国内外大型广告公司在上海都有办公室，"80后""90后"的上海人在职场上差不多恰好处于企业中高层的职位。引起上海人这个群体的注意，也就是引起了甲方的注意。也就是说，我们实现了阶段性的目标——在品牌主面前获得曝光。

顺理成章的事情发生了，在2018年春节前夕，我们便接到了甲方的第一条"恰饭视频"邀约，来自巴黎欧莱雅，彼时距离我们刚开始做短视频才过去5个月。

拍短视频不到半年就实现变现，我们将大部分原因归结于战略上的成功。实现变现，使得我们能更加游刃有余地筹备下一阶段的平台运营、内容优化和商务拓展等事宜。

说到这里，我们想再次建议所有想做短视频的朋友，前期切忌浪漫主义，要先变现，变现才是实现浪漫想法和艺术追求的基础。

实现变现不久，各大MCN机构也纷纷向我们抛来了橄榄枝。尽管当时我们已经成立了公司，但在实际操作层面，还等同于一个自由职业者。

对于单打独斗的自由职业者来说，有时候抱大腿是很有必要的。我们那时也认真考虑过加入MCN，毕竟MCN有专业的摄制资源，相对充足的客户资源，跟各大平台都签订了流量协议，手里还有许多其他大号。对于短视频制作者来说，跟MCN合作，理论上就无须再担心商务和运营的问题，可以专注生产内容，不失为一种双赢的合作方式。

我们和国内几个大型的MCN机构都有过接触，和其中一两家甚至已经开始敲定合同内容细节了，但最终我们没有选择跟MCN合作。

当时的MCN刚兴起不久，在市场上处于搜罗各种博主疯狂扩张的时期，那一阶段MCN的商业逻辑和我们最终想要实现的内容目标无法契合。MCN对那些毫无商务资源又亟待变现的博主来说帮助更大，而我们暂时已经解决了生计问题，用一个流行的词来说，MCN在当时无法为我们真正赋能（这也是要尽快实现变现的原因之一。只有解决了生计问题，在面对更多合作机会的时候，才有底气真正地站在长远发展的角度进行决断）。

最重要的是，我们的律师建议我们不要接受MCN的合约，而我们律师修改的合约，MCN也不接受。事实证明律师的建议是对的，因此建议从事自媒体行业的年轻人，在变现之后要做的第一件事就是找个律师，一个靠谱的律师可以帮助你在商务上少走很多弯路。需要说明的是，我们并不提倡短视频博主都单打独斗而不和MCN合作。也有博主一开始就和MCN合作，然后越做越好，比如Papitube下面的Bigger研究所。

是否和MCN签约，和哪家MCN签约，这件事还是要根据自己的实际情况来定（有条件也可以根据律师的建议来）。比如，你还是个学生，你在商务运作或账号运营上有心无力，你极端缺乏摄影后期等资源，或者你并不打算将短视频作为全职工作，那么选择一个合适的MCN，谈好相应条件开展合作是一个不错的选择。

前前后后我们花了两三个月时间和当时市面上几家大型MCN接触，虽然没有达成合作，但这些经历让我们认识到当时整个短视频行业的情况，以及短视频行业未来竞争的严峻性。

MCN手里握着与平台谈好的流量政策，尽管主流平台也在全力扶持新兴短视频博主，但平台首选也是和MCN合作。当MCN手里既有头部视频博主，又有腰部视频博主，并且各个领域视频博主齐全之后，就有能力向甲方提供整合营销方案。到那个时候，甲方在选择合作博主的时候也会首选大型MCN。

要想避免被市场竞争边缘化，你就一定要用最简单、最快的方式，在短视频这片蓝海中率先站稳脚跟。由于当时我们人力和精力都十分有限，所以我们所有的策略都围绕一个点——有效。

有效，落实到内容层面上就是对甲方有效。互联网语境下受众的记忆都是短暂的，虽然前期的三条爆款视频吸引了部分品牌客户的注意，但这种注意力如果不时刻加以强化，就很容易被其他爆点取代。

因此，我们需要在短时间内持续输出能够吸引甲方关注的视频内容，落实到运营层面就是涨粉效率高。吸引甲方和吸引粉丝在本阶段是相辅相成的，卖家通过吆喝吸引来买家，结果货不对版，这对卖家来说将是致命的。

那么，什么样的内容对甲方来说是最有效的呢？我们认为是直击营销圈痛点的内容，就是令营销圈从业人士五味杂陈，又无法不时时与之共舞的Magic Word—KPI（Key Performance Indication，关键绩效指标）。

创作这个内容的过程中最好能直接点名各大广告公司，让粉丝产生参与感，促成他们的转发。KPI这个选题并不新颖，对于这类选题，要想拍出来被别人记住，就要让人家看完不仅觉得"说得太对了"，还要感叹"说得太好了"。

最终，我们找到了一个新颖的角度，然后拍了《跟你讲个笑话：甲方市场部的KPI》这条短视频。

图6-9 《跟你讲个笑话：甲方市场部的KPI》视频截图

这条短视频拍出来后，我们对内容非常满意，但同时也意识到这是一条受众极其垂直的内容。营销圈以外的人对视频的内容是不会产生兴趣的，如果没有在营销圈广泛传播，这条视频基本等于是"死"了。

面对这样的情况，这条短视频单靠自然流量是很难传播开的。于是在这条内容推送以后，我们立马在许多微信广告行业群、营销圈的微信群当中做了推广，并发动身边的广告人进行转发。就这样，这条短视频一夜之间刷爆了上海的营销圈。这条视频出街后，前来咨询合作的甲方络绎不绝，我们从此基本实现了稳定变现。

在运营层面，我们也不敢放松。此阶段我们将精力主要放在微博和B站的运营上。通过前一阶段的运营，我们也总结出一些经验。

微博是"人民币玩家"，基本上肯花钱就能买到流量。得益于微博庞大的用户基数和完整的广告模式，在微博这个平台，如果你的内容还不错，稍加推广，粉丝转化速度就不会太慢。我们通过购买粉丝头条、大号转发、帮大号上热门等运营手段，微博平台的粉丝数逐渐稳步提升。微博运营基本不需要我们额外付出太多精力，跟随平台规则即可。此外，微博也并不是离甲方最近的平台，只要粉丝达到一定量级，就不太需要额外运营了（至于是300万粉丝还是500万粉丝，在甲方的认知里其实没有太大差别）。

　　B站是对短视频创作者最为友好的平台，也是一个基本完全依靠内容取胜的平台。除了做好内容，想办法和B站编辑搞好关系争取上首页推荐、上热门之外，我们也没有找到更好的运营方式。因为这个平台在当时也不是甲方最关注的，我们只需在上面"活着"就行，所以我们在心态上也比较淡定（当然后期随着内容的丰富，粉丝数自然也跟上了）。

　　差不多又老老实实地做了三个多月的内容和运营之后，我们复盘了这期间合作的甲方"恰饭视频"（一段时间的复盘，根据市场趋势调整方向很重要）。我们发现，尽管甲方和我们自己对这些视频内容都很满意，但我们没有一条"恰饭视频"达到刷屏爆款的级别。这个问题更进一步可以理解为，我们没有特别成功的广告案例！

　　任何行业都要用作品说话，自媒体行业称得上作品的才是广告案例。作为前广告人，认识到这一点之后我们都感到一丝汗颜，决定试试看能不能做出一条刷屏级别的广告短视频。

　　结合当时跟甲方的合作情况我们发现，当时和我们合作的甲方以快消行业居多，说明我们暂时只被那些离流行最近的行业甲方关注到了。

　　在营销圈，除了快消行业以外，汽车行业是另外一个拥有大量广告预算的行业，但汽车行业的营销一向偏保守，大部分预算都投向了汽车类专业自媒体，少数投放了搞笑类视频博主。只有被汽车行业客户关注到，我们才算一定程度的"出圈"。

要想证明能力，我们就要挑战难度高的内容，而汽车的短视频广告就是这样有难度的内容。一般来说，汽车行业的广告是比较模式化的，无非新车造势、选车推荐、竞品对比这几个套路，很难有什么品牌的汽车广告让观众印象深刻，尤其是在社交媒体平台上。

于是，我们决定挑战制作汽车行业的"恰饭视频"。经过一个多月的头脑风暴、5分钟的灵光乍现、30分钟的拍摄和30分钟的后期，我们推送了刷爆汽车圈和营销圈的那条短视频《现在的汽车广告都是垃圾》。

图6-10　《现在的汽车广告都是垃圾》视频截图

这条视频在全网共计获得超过2000万次播放，并在微博被大号"来去之间"转发，成功引起几乎所有一线汽车品牌的注意。沃尔沃S90从此有了"养生车"的昵称，沃尔沃品牌甚至直接将2019年的S90市场沟通信息改为"内养生，外养型"，并先后跟我们进行了三次正式的短视频合作。当然，这也是我们2018年做得最引以为傲的广告案例。

当你成为一个拥有成功案例的博主之后，基本就无须再过多考虑变现这个问题。你就可以将精力投入UGC（User-generated Content用户生产内容）往PGC（Professional Generated Content，专业生产内容）的转型——搭建视频团队、公司化运营、IP运营等。

以上主要分享了我们从"0"到"1"做短视频真人账号的心得。

当我们开始做短视频的时候，抖音还没有成为主要的视频入口，1分钟内的短视频也还没有占据主流，但不管平台和内容形式发生怎样的变化，商业世界的规则是不会轻易发生改变的。我们遇到很多希望进入这个行业的年轻人，当他们试图从我们这里获取一些经验的时候，他们往往会问："你们拍视频用什么设备？""快速涨粉的秘籍是什么？""我需要专门去学一下后期剪辑吗？"以上这些是正确的问题，但都不是好问题。

对于希望进入这个行业的年轻人来说，你最应该了解的问题是：这个行业是怎么玩儿的？但遗憾的是，很多年轻人想不到这个问题，也没有人会跟他们分享这些。

因此，我们在此没有跟大家分享诸如粉丝头条怎么买，微信推送以后如何推广等具体的运营策略。一方面，这样的课程在网络上比比皆是，大同小异，而我们认为运营没有捷径，一定要自己去尝试才会有感觉，类似《如何一月涨粉十万》这样的课程可以了解，但这样的捷径我们目前还没有找到；另一方面，我们希望分享一些可以解决本质的方法，像"如何开始拍短视频"已经有很多人在说了，而我们试图告诉你的是"如何坚持拍短视频"。

事实上，决定你能否成为一个视频博主的第一件事，就是坚持更新。

坚持下去的第一件事，就是要记住一点——短视频是一件商品，核心受众是甲方。在这个前提下，做自己擅长的事情以接近目标。比如，我们利用自己前广告人的背景和在营销圈的经验判断制定运营策略，判断效果，并加以改进，利用G僧东"上海人"的背景和"一本正经胡说八道"的性格特质将视频内容风格化。这也是我们一贯不建议年轻人大学一毕业就从事短视频或者自媒体行业的原因之一。

举个例子，你在大学里学的是会计，你从大学开始拍短视频，毕业后顺势全职做短视频，那么有极大可能是你以后的短视频内容主要围绕大学生活和家长里短展开。但如果你大学学的是会计，毕业后去公司做了一名财务，一边工作一边继续拍视频，一两年后你决定全职做短视频，那么你能拍的内容除了大学生活以外，可能还有白领生活、会计的日常、财务圈的猫腻等，说不定还能发展个靠谱同事成为你拍短视频的伙伴。这些是工作为你的视频拍摄带来的最直接的好处。

更重要的是，在正规公司工作过，你才能形成基本的商业思维，最起码你也能学会在涉及合同时，找律师寻求专业帮助。

一个短视频博主的 24 小时

第七章

72 小时怀胎：一条短视频的诞生

通常来说，一条视频在推送之前会经过"选题—脚本大纲—脚本—拍摄—剪辑—成片"这几个阶段。

其中，选题、脚本大纲和脚本这三个阶段主要是脑力劳动，拍摄、剪辑和成片则更多的是体力劳动（尽管摄影和剪辑也属于创作的一部分）。

前三个阶段可能在半小时内完成，也有可能半年都完成不了，而后三个阶段的时长基本都是固定的，视频成片，基本需要花费10 ~ 72小时。像抖音短视频这种成片长度在1分钟左右的片子，基本上拍摄2小时，剪辑3 ~ 4小时就完成了。而即便是最长的Vlog视频，算上拍摄时间，72小时绰绰有余。

因此，视频博主其实大部分的时间是花在想选题和写作脚本这几个阶段的，也就是说，视频博主大部分时间不是在拍视频，而是在想视频。

图7-1　工作中的G僧东

灵感从哪儿来？反正不是石头缝

其实，每次我们在看到其他博主拍出精彩内容的时候，也非常想问他们同样的问题。

对于这个问题我们自己的官方回答是："灵感还是来源于生活。"虽然"生活"听上去很抽象，但灵感真的是来源于生活、又高于生活的。作为视频博主，尤其是搞笑视频博主，做这份工作的本质就是对生活进行观察、总结与再创作。

就我们自己的经验而言，灵感主要有两种来源。

其一，某个偶发事件触发了我们的感慨，这一感慨在小范围分享后引发了共情。我们察觉到以后及时记录下来，加以创作成为短视频。

其二，许多话题，如男女思维差异、地域风俗差异、行业趣闻等是一直存在并被长期讨论的，这些都可以是短视频的素材。太阳底下没有新鲜事，灵感在大多时候就是"新瓶装旧酒"的"瓶"，你只要为广为人知的内容找到鲜有人用的容器——表达角度，你就获得了灵感。因此，我们会在日常生活中留心大家关心的话题，然后为这些话题找到一个最合适、最精致的"瓶子"，从而变成我们的短视频。

这么说还是比较抽象，我举个实际的例子吧。2019年的第一天，G僧东的外婆叫他去房间"修电视"。G僧东过去之后发现，外婆所谓的"修电视"实际上是她不知道如何使用机顶盒，以致电视一直没有节目信号，她以为电视被自己按坏了。G僧东一边怪外婆大惊小怪，一边帮外婆操作机顶盒，结果足足搞了快半个小时才把外婆想看的节目调出来。

期间，外婆的眼神从充满希望到满是怀疑，最后喃喃地说了句："哎呀，你还是大学生，怎么连电视都不会弄。"

这句话让G僧东非常愤懑，于是便发了一条这样的微博。

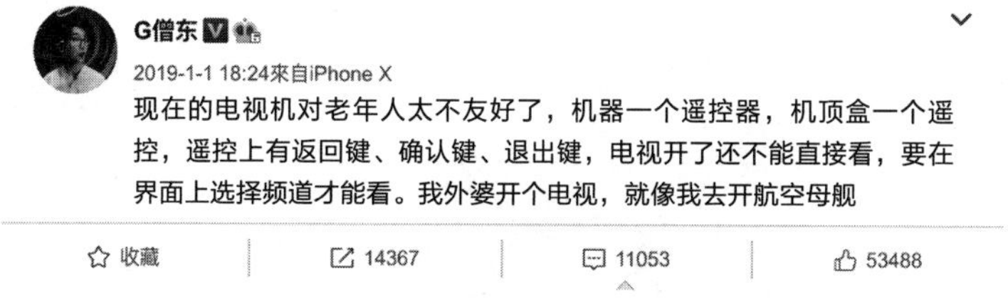

G僧东 V 🔊

2019-1-1 18:24来自iPhone X

现在的电视机对老年人太不友好了，机器一个遥控器，机顶盒一个遥控，遥控上有返回键、确认键、退出键，电视开了还不能直接看，要在界面上选择频道才能看。我外婆开个电视，就像我去开航空母舰

☆ 收藏　　　☑ 14367　　　💬 11053　　　👍 53488

图7-2 吐槽电视机的微博截图

没想到这样一条日常心情分享，在发布后不久就引来众多网友的点赞、转发，大家纷纷表示深有同感。现在的电视机大部分时候都是老年朋友在使用，但如今的智能电视不仅没有让生活变得方便，反而为老年人带来了诸多不便。

这条微博发布后，引来许多网友转发评论，并上了微博热搜，甚至还被CCTV报道。

我们立刻意识到许多人在生活中都有过类似的经历。于是我们立刻抓住了这个灵感。

第二天，我们就把这条微博拍成了视频《现在的电视机对老年人太不友好了》。

图7-3 《现在的电视机对老年人太不友好了》视频截图

　　这是前文提到的第一种情况，这种灵感来自偶然，可遇不可求。我们一年里面大概有一两条视频是来自于这一类型的灵感。第二种情况下的灵感迸发更为常见。比如，我们有一条在上海广为流传的短视频《上海各区拟人》。

图7-4 《上海各区拟人》视频截图

　　这条视频说的是上海不同区之间的龃龉。上海各区之间由于历史和经济发展的不同，彼此之间积累了许多互相调侃的说法，如"宁要浦西一张床，不要浦东一间房"，郊区人都把去市区叫作"去上海"等。

　　这些调侃是每个上海人日常生活中都无比熟悉的话题，这个话题有着广泛的群众基础。我们从2018年上半年就很想拍一条与此相关的视频，然而在当时，虽然我们觉得这个话题会引起广泛共鸣，但在形式上，除了一五一十地把这些调侃说出来以外，我们没有找到任何有趣的角度。

显然，对于一个观众无比熟悉的话题，如果只是平铺直叙地把内容复述一遍，无异于告诉观众"你妈是你妈"，结果只有一个，观众只会觉得"这有什么好说的"。

于是，这个话题一直被我们记在心里，期间我们又查阅了许多上海市发展的相关资料，依然迟迟找不到好的角度。直到大半年后，突然有一天，G僧东突然兴奋地跳起来说："我想到了！"接着他立刻坐到电脑前疯狂地敲击键盘，写出了《上海各区拟人》的脚本。

脚本里将每个区比作一个人，然后这些"人"坐在一起互相调侃对方，这样的形式巧妙地将第三人称角度的叙事转变成了第一人称的角度，既新颖又有表现力。显然，这是一个非常好的"瓶子"，不枉我们找了大半年才找到。

最终事实也证明，这条短视频让观众耳目一新，《上海各区拟人》甚至被网友翻译成日文发布到日语网站上。

总的来说，关于灵感，有时候靠顿悟，运气成分居多；有时候靠积累，等时间和思考积累到一定程度，就会由量变引起质变。不管是在工作中，还是生活中，我们都要留心寻找素材，我们团队平时聊天的口头禅是"刚刚，我们聊的内容能拍吗"，而短视频博主工作群基本也是每天24小时全年无休地讨论创意。有时有人分享了一段搞笑新闻，大家会自动开始讨论里面的笑点；有人分享了一条热搜，大家就条件反射地讨论起有什么角度可以追热点。

两个短视频博主碰到一块儿聊天，三句离不开"你最近准备拍什么呀""你之前拍那条视频的创意真好"。因此视频博主的灵感，往往需要每天24小时全年无休地进行自我头脑风暴或团队头脑风暴才能获得。

优秀的短视频博主同样是需要"视频三分钟，台下十年功"的。网友看到的短短三五分钟的视频，其实很可能是博主头脑风暴了大半年的结果。

说到这里，可能有人会问："做短视频会有灵感枯竭的时候吗？想不出创意怎么办？"

灵感遵循周期性枯竭的定律，我们操心也没用。灵感就好比网红店，都是一阵一阵的。这段时间没有任何灵感，等这段时间过了，灵感可能又会像喷泉一样涌出。

因此，想不到创意的时候就默默把某个话题记在心里，时不时拿出来反复咀嚼，同时可以收集一些相关素材，然后等待顿悟的时刻。

曾经，我们遇到过为客户制作一条广告植入短视频，交稿日前一天仍没想到好创意的情况。此前我们团队已经头脑风暴了两个通宵，做好了毁约赔钱的打算。结果，G僧东说他出去逛逛街、换换脑子。过了几个钟头，受到马路上店家招牌的启发，他一下就想到一个大家一致通过的创意。

让你脸红心跳的，就是下一个爆款

　　创造爆款是每个短视频博主的天职。做视频的时间长了，博主对爆款自然会有"生理反应"，这种"生理反应"就是兴奋感。这种兴奋感和怦然心动的感觉极为类似。如果你想到一个创意的同时感到一股无法抑制的渴望，恨不得立刻把这个创意告诉左邻右舍的每个人，并且你非常确信听到这个创意的人都会和你一样激动。那么这个创意十有八九会是爆款。这是感性的判断方式。这种方式虽然主观，但正确率相对更高。

　　还有一种基于经验总结的理性的判断方式，这种方式相对客观，但正确率不如前一种高。我们可以从以下几个维度去判断一条视频能否成为爆款：角度、社会性和热点。

　　角度，其实对应的就是上文说到的"瓶子"，如果你找到一个刁钻的角度去讲一件普通人耳熟能详的事，那十有八九这篇内容会是爆款（之前流行过的《一本正经地胡说八道》其实也是这个意思）；社会性就是有社会价值的内容，如前文提到的电视机的短视频，因为聚焦了现代化给老年人生活带来不便这个社会议题，所以容易被主流价值观接受；热点就是追热点，这已经是自媒体的老手段了。一条视频任意一个维度能非常突出，那么它都有成为爆款的潜力。

一个成熟的短视频博主，如果他既能预判爆款，又能时不时地产出爆款，那么是不是就高枕无忧了呢？答案是否定的。

爆款当然能让我们充满成就感和满足感，但一个残酷的真相是，爆款的赏味期限是很短的。网络大大降低了怀才不遇这种事的发生概率，同时也大大损伤了人的记忆力。互联网最不缺的就是爆款，许多如今销声匿迹的内容从前都是爆款，如《江南Style》《我的滑板鞋》。

对于视频博主来说，不是在"憋"这一条爆款，就是在"憋"下一条爆款。视频博主多少都有点儿"爆款焦虑"。这种焦虑感既是蜜糖，又是砒霜。视频博主日常需要学习的就是学会在吞下这块蜜糖的同时警惕其中的砒霜。

那么，除了创作视频，视频博主还需要做些什么？不知道各位视频博主会不会都很怀念刚刚开始做视频的时候，每天只需要思考如何拍出好视频。当你的视频越来越受欢迎，粉丝越来越多，商务邀约也越发频繁的时候，除了拍视频之外，你还不得不考虑团队管理、粉丝运营、商务拓展、人事和财务等一系列的事情了。

任何行业的发展一定都要依靠团队协作，视频博主也是如此。视频博主和普通公司白领一样，在日常工作中，需要处理招聘、报税、给员工交五险一金、跟客户吃饭、熟悉网信办最新政策等等琐碎事宜。

有一次我们团队头脑风暴到晚上快十点时，外面突然下起暴雨，没想到办公室的玻璃窗户竟然破了一条缝，雨水顺着那条缝隙稀里哗啦地往屋里钻。当时大楼维修师傅已经下班了，我们不得不想办法自己动手用水桶、雨伞、雨披自制了一个导雨设备把雨往窗外引。到了第二天上班时，办公室自然已经一片狼藉。

此类的事情还有很多，相信许多都市白领也都经历过类似的心酸时刻。事情过后说起来当然也觉得挺有意思，但在发生的当下难免还是会仰天感叹："我们只是想拍视频而已啊！"

所以，视频博主这份工作除了一开始具有些浪漫色彩外，实际和普通办公室白领差别不大。走上正轨以后，视频博主每天依然是按部就班地完成工作。而工作之余，视频博主也和普通人一样，上网冲浪、煲剧、看八卦、旅游等。

另外，还有人会问："有名的视频博主会常常收到品牌的公关礼物吗？经常收到免费礼物是不是很爽？"

可能许多网友常常看到时尚美妆类的博主们，隔三岔五就会分享大牌送的各种PR Box（品牌送给博主的公关礼盒，里面通常是品牌最受欢迎的各种产品），或是穿得光鲜亮丽地参加品牌发布会，发布会结束后拿到品牌的各种限定纪念礼品等。这些的确是许多时尚美妆类博主的日常，大家看到可能会很羡慕，好像当了时尚美妆博主以后所有美妆护肤品就都有品牌赞助了。

但现实是，对于时尚美妆博主来说，他们的工作就是介绍化妆品、护肤品，这些产品和我们办公桌上的电脑、订书机、文件夹一样，都属于"办公用品"。时尚美妆博主只有熟知每个办公用品的功能和特性，才能圆满地完成自己的工作。

而站在品牌的角度看，送PR Box不是"送"，而叫"seeding"——品牌免费将产品送给KOL使用，KOL相应在自己平台上对这些产品进行曝光宣传，有的seeding品牌其实只是把产品借给KOL拍照发图而已。KOL能否收到品牌的PR Box，自然也取决于他们能否为品牌宣传起到正面的作用。因此，收到免费礼物其实只是博主工作的一部分。

如果视频博主正好收到了自己喜欢又用得上的品牌或产品，当然是皆大欢喜。而从执行层面来讲，大部分品牌都会在"送礼"前先联系好博主，博主也会心领神会地选择接受或婉拒。但不排除有的品牌直接将产品寄到博主家里，博主收也不是，退也不是，最后只好"尬收"，这种情况就很难有什么"爽"的感觉了。

肉身 vs 网红：视频博主反差有多大

　　可能每个博主的情况不太一样，但就我们现实生活中真正认识的博主来说，他们私底下和视频里都不太一样，通常博主都只是在视频里放大了自己身上某个部分的搞笑特质。

　　他们私底下虽然也都很有趣，但不会像短视频里面表现得那么夸张和外放。就像G僧东，虽然在视频里面塑造了很多像十六号线这种"十三点兮兮"的形象，或是像老阿姨这种有烟火气的普通市民形象，但在生活中，他也只是偶尔情绪特别高涨或激动的时候，才会出现视频当中的精神状态。

　　有的人可能觉得自己周围也有很多有意思或很有表现力的朋友，那他们是否也能成为一名优秀的视频博主呢？这里要说的是，大多数人在生活中的状态和镜头前的状态是完全不同的。我们和别人面对面地交流，听众能实时地给你反馈，说话的人可以依据这样的反馈调整自己的语气、表情，但在镜头前你面对的是毫无感情的摄影机，是无实物表演，在这种情况下并非每个人都能解放天性。

如果你觉得自己在生活中是一个感染力很强的人，并想尝试成为视频博主，你可以先试试对着镜头分享任何一段自己觉得有意思的事情，也许试着试着你真的就成了一个优秀的视频博主，也有可能你试过一次就会选择放弃。

那么，做视频博主最大的乐趣是什么？

做视频博主的乐趣当然有很大一部分是来自粉丝朋友的喜爱，尤其是B站的粉丝朋友。每次我们推送以后都会专门去看B站粉丝的评论和弹幕，粉丝朋友的脑洞时常令我们感到由衷地钦佩，其实许多短视频的创意和灵感我们都是从粉丝朋友那儿得来的。尤其是2020年，我们开始做全新的上海话节目《好叫好伐》，向粉丝们征稿以后，我们才发现网友才是真正的创意高手。

年轻人也爱看的上海话短视频节目

扫码可关注

图7-5 《好叫好伐》节目展示图

除此之外，做视频博主最大的乐趣就是时不时地会遇到小惊喜。比如，G僧东曾经在抖音上重新联系上了好久不见的初中同学。再如，有一次吃饭隔壁包厢坐着马伯庸老师，当马老师看到G僧东时，不等人介绍就脱口而出："我知道你，我看过你的视频。"又如，上海文化广播影视集团的编导邀请我们去上节目，结果G僧东居然在节目现场见到了自己童年时期的偶像等。

总而言之，自从拍了视频，我们的日常生活中总是充满着小惊喜，这些小惊喜给我们带来了无数乐趣，更激励着我们做出更好的内容。

做视频博主最大的痛苦是什么？

当然是不红。这个答案有一些开玩笑的成分，但确实是我们的切身感受。

拍短视频这件事不是学习一个新的技能，也不是推销某种产品，只要你足够努力，多少都会有收获。一个不红的视频博主是很寂寞的，试想一下，你绞尽脑汁地想出一个自己非常满意的创意，花了大量时间去拍摄，找素材，找配乐，甚至还自学剪辑，结果在视频发出来以后没有任何评论和互动，那么你还能坚持拍几条同样的视频呢？

拍短视频不同于拍电影和电视剧，这不是一个艺术行业，而是一个服务行业。观众或粉丝都是带着目的去看短视频的，有的是为了获得一些自己不曾了解的资讯或知识，有的则是单纯为了娱乐。正因为如此，如果你的视频无人问津，你就很难用"这届观众欣赏水平太差了""不是我的内容不好，是观众看不懂"这样的话来说服自己。这只能说明你不知道观众需要什么。这种情况是最痛苦的，尤其是当你想不通自己的内容可以从何改善，这时又看到一个你完全无法理解的内容或视频博主走红的时候（比如，很多人都理解不了为什么Giao哥、韩王、郭老师这样的博主会大受欢迎），你很难不产生深深的自我怀疑。

面对奇葩粉丝，该怼回去还是绕道走

做视频久了，难免会遇到奇葩粉丝。这时候我们应该怎么办呢？通常我们不认为这样的人是我们的粉丝朋友，更多时候奇葩的人都是一些偶然刷到我们视频的不知名网友，他们可能根本连我们一条视频都没看过。

曾经有一位疯狂的网友每天都会在我们公众号后台留言100条以上，内容大致是G僧东是她的"男朋友"，她每天在公众号后台记录她和"男朋友"的日常生活。

有时她会留言说："今天我们一起看的电影很好看，我很开心。"有时候又会留言："你今天和我吵架，大概也是时间久了对我不耐烦了，你不在意我到底多难过！"甚至有时留言要求分手，并且痛骂G僧东。

根据她的留言，我们推测这位粉丝住在杭州，她大概不知道G僧东常住上海，否则怎么可能每天和她发生那么多故事呢？我们一度为这位粉丝感到担心，甚至害怕她有什么心理疾病。

这样的情况持续了几个月，后来这位粉丝主动取关了。我们猜测她那么做可能是想引起G僧东的注意，发现没有得到任何回应就作罢了吧。这算是比较极端的情况，我们也只遇到过这一次。

另外有一种比较常见的情况是，网友会在后台留言问我们能不能拍条视频帮忙寻找走失的宠物，或者是自己被骗了希望我们拍条视频替他痛骂骗子之类。看到这种留言，虽然我们也很同情这些网友的遭遇，但还是希望他们明白我们并不是居委会，不能帮他们解决这一类的问题。

这些都不算什么，我们觉得最有意思的还是网络上流行的"杠精"。我们也是拍了短视频才知道，原来真的有一类人，他们根本不关心你在说什么，他们只在乎能不能找到你意料之外的角度来"diss"你。比如，我们前脚刚推送了一条视频，"杠精"就会立马留言："太惨了，这都多久了阅读还没过百。"再如，因为G僧东是上海人，视频里时不时会夹杂一些上海话，有的是情节需要，有的是为了让表达更有意思，"杠精"一定会说："不知道你们上海人哪里来的优越感。"

又如，我们拍了一条视频叫《上海精致白领图鉴》，看过视频的网友相信都能领略到那种自嘲的趣味，而"杠精"却会说："什么精致白领，还不是死要面子活受罪。"有时看到这些留言，我们不禁都想给《奇葩说》节目组去信，建议他们能开辟杠精专场，最后决出一个"Gang Gang King"，想必一定会为观众带来一场感官盛宴。

图7-6 《上海精致白领图鉴》视频截图

那遇到过奇葩客户吗？

2020年是我们做自媒体的第三年，累计和上百个不同品牌的客户合作过，因此没遇到过奇葩肯定是不可能的。但准确来说，不是客户奇葩，而是客户的需求奇葩。我们本就是广告公司出身，因此对于绝大多数看似奇葩的要求，最后基本都能和客户达成共情，实现客户需求。

相比奇葩要求，我们无法适应的是不尊重人的客户。作为出钱的甲方，当然有资格享受乙方的服务，但不代表甲方在人格上高人一等。

这种甲方是怎么样的呢？比如，我们曾经和一个甲方合作，到了付款时间甲方发来了付款凭证。我们自然欢天喜地地感谢甲方按时付款，谁知过了三天，我们财务说从来没收到过这笔钱。和甲方沟通了一下，甲方信誓旦旦地说："放心吧，钱肯定付了！多半是银行转账问题，你们问问银行吧。"

我们自然相信甲方的话，电话差点从建设银行转接到中央银行结算中心去了，银行证实这笔钱从来就没有在银行的记录中出现过。我们这才恍然大悟："这付款凭证，十有八九是P出来的！"（后来我们和甲方对峙，甲方承认付款凭证是伪造的）面对这样的客户，我们形容他们奇葩应该不能算不恰当。

手紧，要不要"烧设备"

面对这个问题，我们的答案是：绝对，绝对，绝对不需要！如果你认为拍摄设备很重要，那你可能还没有真正理解短视频行业。

视频与图片、录音、文字一样，只不过是内容的载体。最受欢迎的短视频一定不是那些画面美轮美奂，画质高清得连人脸上的毛孔都能看清的视频，而是那些能真正挑动观众情绪的内容。比如，Papi酱的成名作，那条上海话和英文如何夹杂聊天儿的视频就是手机拍摄，几乎不加剪辑。观众不会纠结这条视频不够清晰，取景不够专业，而是纷纷被视频里的幽默内容深深吸引了。

我们一开始拍视频的时候，也没有添置任何新设备，使用的是G僧东购买多年的索尼单反相机和手机。

直到现在，尽管G僧东出于个人的摄影爱好，购买了许多价值不菲的相机和镜头，但手机依然是我们拍摄时使用频率较高的一种摄影器材。

　　跟许多其他视频博主聊起这个问题的时候，大家几乎无一例外地认为拍摄设备对视频博主来说是次要问题，许多视频博主都有直接用手机拍摄的习惯。毕竟视频博主拍的是短视频，而不是纪录片。

　　也有人问："视频博主以前是从事什么职业的？"

　　G僧东之前从事的是与自媒体紧密相关的广告行业。其实，与广告行业相关的上下游行业是视频博主的一大主要来源。

　　除了广告行业，许多之前的媒体人也转行做了自媒体，如曾经的图书编辑、杂志编辑或电视台编导，这一类自媒体人在汽车、时尚、医药这种专业度要求相对更高的领域尤为常见。

　　另一种博主可能本来就是某个行业的专业人士，如健身博主、语言类博主和美食类博主（大胃王博主除外）等，他们当中许多人原本就是健身教练、语言老师或厨师。

　　还有一种博主由才艺型路人转变而来，如许多搞笑博主、Vlog博主、鬼畜博主或游戏博主，他们可能本身从事着跟媒体和广告都不相关的工作，但脑洞够大，个人风格突出，于是慢慢成了视频博主。

　　总而言之，视频博主可能来自各行各业，以上只是一个简单的归类。不管你来自哪个行业，唯一不变的是，只要你想成为某个领域的KOL，就必须在相应领域坚持不懈地学习和努力。

路人的目光：你们真的误解博主了

一般人对视频博主最大的误解大概就是认为视频博主是一项很轻松的工作。每个行业都有自己的辛苦和不易，这里并不是诉苦。

只是有太多不了解这个行业的人，他们觉得做视频博主很容易。

尤其这两年时尚美妆类博主层出不穷，有些长期占据社交平台舆论风口，让大家觉得好像视频博主就是打扮得漂漂亮亮的，到处免费旅游，参加品牌活动，然后发发美图。

这样的生活，有什么难的呢？

实际上，许多想成为视频博主的年轻人真正从事这个行业以后就会发现，一名视频博主的日常生活和他们之前以为的"明星生活"完全不同。

就拿免费旅游来说好了，的确有许多旅行社或旅游局会邀请博主免费旅游，但为期一周的旅游，博主真正能自由去玩儿的时间可能连两三个小时都不到。

凡是出过差的朋友都有这样的体会：公司派你去一个你很向往的城市出差，你暗自庆幸公司报销机票、住宿，还可以顺便去自己喜欢的地方游览。

结果事实往往是，白天开一天会，吃饭全是应酬活动，好不容易晚上回到酒店还要回复公司发来的邮件，几天差旅行程结束，你唯一想做的就是在酒店睡觉。

博主参加免费旅游时就有一模一样的体验。

2018年，我们团队也曾接受品牌邀请去欧洲旅游，12天的行程，概括起来，每天做的事情就是到处找WiFi信号，每天开电话会议，抓住行程空档进行头脑风暴，看到漂亮风景和有趣的事情，我的第一反应是开机。

同一个团队的普通游客每天晚饭后就自由活动了，而我们晚饭后开始导素材、拉片、讨论脚本。

一整个行程下来，我对各种旅游大V佩服得五体投地！以后但凡有这样的机会，我再也不想参加了！

所以说，不管是从事哪个垂直领域的视频博主都不轻松，各行各业的工作在本质上都是一样的。

其实，每个光鲜亮丽的外表背后，都有难以向外人道的努力和辛苦。

视频博主会对未来感到焦虑吗？

从我们自己的角度出发，我们是不太焦虑的，因为焦虑也没有用。

短视频只不过是随着智能手机普及、网络速度提升、手机App发展而兴起的一种内容形式，本质还是内容，和报纸、杂志、图书流行的年代是一样的。

就像3D技术的成熟扩展了电影人的想象边界一样，智能手机和手机App降低了普通人的表达门槛，让短视频这种内容形式得以落地开花。

2020年，直播如火如荼地进行着，成为今年众望所归的内容热点。许多自媒体人、视频博主、Vlog博主都争先恐后地转战直播赛道。

但不管形式如何改变，人们的精神需求是不变的。内容是普通人日常生活的刚需，只要对内容的需求没有消失，内容从业者就不会被淘汰。

作为内容行业的一员，比起焦虑，我们更应该积极地拥抱改变。

以上是我们平时与粉丝朋友交流时最常被问到的问题。

如果阅读本书的读者对视频博主感兴趣，或者正在考虑进入这个行业，不妨参照上面的分享感受一下视频博主的生活状态，和从事这一行业可能会经历的酸甜苦辣，再决定是否要落实开启一段视频博主的旅程。

祝你们好运！

自媒体人的骄傲：
我为文化代言

第八章

李子柒算不算文化输出

2019年底有一个话题在微博上很火，叫作"李子柒算不算文化输出"，这个话题当时上了热搜，并引发了广泛的讨论。

大部分人其实都认为自媒体是没有社会价值的，自媒体的存在只是为了满足大家的娱乐需求，如果要上升到文化输出的层面，至少也要是像孔子学院这样的组织才能承担起的责任。

公众习惯性认为，文化输出一定是气势磅礴的。比如，美国的超级英雄电影、日本的各种动漫游戏、我们的中国功夫……显然，相比之下，自媒体短视频这种形式就太简陋了，完全不符合大众对于文化输出这件事情的想象。

对于"李子柒算不算文化输出"这个问题的讨论，本质上来说是大众对于自媒体作为媒体的属性缺乏认知。长久以来，自媒体都是以娱乐内容提供者的角色出现在公众视野中，90%以上自媒体的内容都是关于情感、搞笑、美妆和美食的。

而这些自媒体从业者在创作内容的时候，几乎99.9%的出发点都是"我跟大家分享×××"。许多自媒体平台本身在定位上也打着"分享"的标签，而分享纯粹是一种个人行为，只要不涉及违法乱纪，分享就意味着既没有任何成本，也不需要承担什么后果。

作为普通人，我们当然有权利在网上分享自己喜欢的任何内容，可当这种分享被越来越多的人看到并喜欢，当这样的分享已经从个人表达变成商业投放，从关起门来只和周围朋友讨论的话题变成一个上百万人都能看到并且有可能因为这个分享影响自己决策时，这种分享是否还应该被当作一种"个人行为"而无须承担任何社会责任呢？

这两年因为自媒体的兴盛，用自媒体发声俨然已经成为时髦的维权手段和讨说法捷径。任何人只要掌握了一些"劲爆消息"（真假不论），就能掀起一场舆论的腥风血雨。

如果你经常上网，应该多少对这些事有些印象。2018年，一位女士用一篇《张扬导演，我爱你》让一位沉寂多时的导演靠花边新闻重回公众视野。差不多同一时间，知名作家六六在微博发表《无赖京东》一文，替其疑似在京东上买到假货的师姐"讨公道"。另有一位普通的公关公司员工靠一篇《蓝色光标，所谓亚洲最大的公关公司，如此坑害老员工，良心真的不会痛吗？》将本土最大的公关公司送上舆论的风口浪尖……

　　类似这样的事情太多了，以致网络上一直流传着一句话："不要得罪有公众号的人。"

　　这真是一句奇怪的玩笑话啊！这句话好像在说，任何人只要遭受任何感觉不公的待遇，就可以以被害者的姿态将加害者挂在公众号的正义城墙上，让所有路过的人对他进行道德批判。

　　以上提到的三个例子，第一则纯属桃色纠纷，既不影响公众利益，也不会对旁观者造成任何伤害，倒是这件事被广泛传播本身极有可能对一些缺乏是非判断的年轻人造成不良影响。第二则的发布人甚至都不是当事人，多多少少缺乏程序正义性吧？这就好比你被欺负了，然后向闺密哭诉，闺密安慰你说"没事，我爸是李刚"，我来帮你报仇。当然，至于京东到底有没有卖假货，那就是另一件事了，如果通过法律途径查明确有此事，那京东的确是无赖。第三则的孰是孰非恐怕连劳动局都需要花一些精力去判断。劳动者遇到自己的权益受到侵害不直接诉诸法律，反倒将本应该整理证据提出仲裁的时间拿来写公众号，邀请公众对公司进行道德审判，这听起来好像哪里不太对吧？

　　不可否认，许多不公义的事情靠着自媒体的分享最终都被揭露在阳光下，受到不公正对待的人因此获得了正义。比如，前几年拐卖儿童案件频发，这个问题在微博上的发酵使社会开始广泛关注儿童拐卖事件，许多相关的社会机构建立起来，以帮助那些受害家庭。前段时间更有一位坚持15年寻找被拐卖儿子的父亲，终于与自己失散多年的儿子重聚。这件事的确令人动容，网络的关注对这件事情的解决也的确起到了正面影响。

但这件事情之所以能得到圆满解决，终究依靠的是无私的律师、辛苦的民警和那个执着的父亲。

自媒体的繁荣虽然提高了许多社会不公义被"看到"的概率，但同时也增加了不公义的事情被消费的可能。虽然这个比喻有点儿过时，但不得不说，自媒体的影响力的确是把双刃剑。那么社会有因为自媒体而变得更好吗？至少我很难不假思索地就给这个问题以肯定的答案。

但可以肯定的是，自媒体是媒体的一种。是媒体，就和报纸、电视一样，需要承担社会责任，对公众负责，接受公众监督。

自媒体不应该成为任何个人用来打击另一个个体的手段，自媒体人亦没有权力诱导公众对个体事件的涉事人进行道德审判。如果你有志成为一名自媒体人，那么当你享受流量带来的商业变现、关注带来的优越感，以及粉丝的信任和喜欢时，请履行自己的媒体义务。这个义务就是约束自己的言行，尽量避免公众因为你提供的内容而蒙受伤害。

事实上，粉丝因为自媒体的不良示范遭受损失的事情早就屡见不鲜了。2019年，两位还不到15岁的女孩因为模仿视频博主"办公室小野"的操作——用易拉罐制作爆米花，由于酒精爆燃，两名女孩均被严重烧伤，其中一名女孩不幸离世。女孩的父母当然将矛头对准了"办公室小野"，认为是她的不良示范引导未成年人进行这样的危险行为。一部分网友也纷纷声援受害女孩的父母，认为"办公室小野"对这个事情要承担全部责任。

最后，事件以"办公室小野"向当事人道歉赔偿，并整改所有涉及不当操作的危险视频告终。在这个不幸的事件中，"办公室小野"当然负有不可推卸的责任，但细究这件事就会发现，这件事的发生很大程度上源于自媒体人本身都对自己的"媒体属性"缺乏清醒的认识。

"办公室小野"在她的道歉声明中写道："当时公司有个业务部门在做短视频项目，我和另外一个小伙伴觉得很好玩，就想自己试一下……视频放到网上去后，网友表示很喜欢，觉得有趣又解压，我发现了内容的价值……现在回想，我只看到了它积极正能量的一面，而忽视了它可能带来的负面影响……"

这个心路历程几乎是所有自媒体人都可能遇到的困境——一开始只想分享一些自己觉得有意思的内容，因为这些内容被很多人喜欢，自己逐渐将分享做成了事业，而根本没有意识到自己的分享已经不再是个人行为，而成为带有媒体属性的内容。

通常发生类似"办公室小野"这样的事件时，大家对这样的说辞应该很熟悉："我只是单纯跟大家分享一些我觉得很好的东西，没有想到会给公众造成×××的影响。"这样的话乍听起来像在推卸责任，但我相信自媒体人在讲这句话的时候，的确是"走了心"的，这就好比我们生活中常常会评价一些很聪明但待人接物总是不够得体的人一样。

实际上，"办公室小野"在2017年被成都消防局提醒后，已经意识到了自己的内容可能有安全隐患，于是在后来的视频中都加入了危险警示。只可惜这条易拉罐制作爆米花的视频拍摄于"办公室小野"早期，那时他们还处在"分享自己觉得有趣的内容"这个阶段，缺乏作为媒体的自觉性，后来也没有及时复查之前的内容。因此造成这样的影响，实在是令人遗憾。

自媒体的不良示范，不仅可能对公众造成物理伤害，还有可能给公众带来心智伤害。缺乏专业训练和新闻从业经验的自媒体人在公众平台发表对社会事件的观点是一件非常危险的事情——请注意这句话的定语。

在纸媒时代，所有关于社会事件的报道都是由专业的记者完成的，他们都经过专业的训练，并且在报道前会进行采访调查，在报道成稿正式付印之前还会经历一个严格的审稿过程，能够独立成稿的记者肯定是经过多年实战的。

这样做至少能确保报道是基于事实且在价值取向上符合社会基

本道德规范，这也是在纸媒时代我们可以读到那么多鞭辟入里的社会报道、那么多感人至深的人物特稿的原因。然而自媒体将这样的新闻规范完全打破了。任何人都可以对社会事件进行报道，这个门槛低到什么程度呢？哪怕只是一张微信聊天截图、一张微博图片，也可以作为某种"可靠消息来源"。

从前我们的记者编辑分类清晰，有民生记者、经济记者、科教记者、体育记者等，即术业有专攻。而自媒体呢？虽然也有分类，但当类似"新冠病毒"这样的社会事件发生时，连情感博主都恨不得写一篇文章指点江山。每次有轰动的社会事件发生时，总有各路自媒体仅凭微信群里各种疯传的"小道消息""私人信息渠道"，就敢发表自己的解读、观点和分析。

但如果你多看几篇类似《此生不悔入××》这种风格的文章，就会发现许多自媒体人其实没有任何观点，他们只会一味地鼓动某种情绪，而他们自己往往也分不清观点和情绪的区别。

我们当然不是说自媒体人不可以对社会事件发表意见和态度，其实私下评论、和朋友聊天当然没有任何问题。但作为自媒体人，贸然将自己的意见和态度发表在已经具有"媒体属性"的平台上，就应该意识到你的意见和态度可能会引导一部分人思考的方向，这样的方向谁也不能确认是好或者不好，这正是你需要谨慎发言的原因。

当然，对于那些恶意散布谣言，为了涨粉、蹭热点而刻意煽动负面情绪的人，我们应该毫不犹豫地行使公民的监督权，点下举报键。

希望所有自媒体人在内容广受欢迎的同时，能注意到自己社会角色的转变，当自己的内容不再只是"个人分享"而具有"媒体属性"时，一定要承担起应有的媒体责任。

其实，李子柒一开始做视频的时候，对焦和曝光都有问题。那个时候的李子柒，当然算不上文化输出，充其量顶多是一个热爱分享自己生活的网友而已。但如今，她在Youtube随便一条视频的播放量都上百万，并成立了自己的食品品牌"李子柒"，显然，她已经不是某个普通网友，而是一个具有相当影响力的媒体了。

那么，怎么才算文化输出呢？授人以鱼不如授人以渔，文化输出不是文化填鸭，不能简单地把我们国家的文化精粹摆在别人面前，说："看呀，中华民族真伟大！"

文化输出是一种文化和情感吸引，用我们真实生活的人情味去感染别人，吸引别人产生主动想要亲近我们文化的欲望。

李子柒的视频使许多外国人主动搜索中国的美食和农业文化，对中国文化产生美好联想与强烈地想要亲近的渴望。如果这都不叫文化输出，那什么才是文化输出？

活在线上、赚在网络，但影响着社会

自媒体必然要承担起文化输出的责任，这是自媒体人的社会责任。这么说并非由于我们社会责任感爆棚，或者试图自我标榜，而是我们在内容制作的过程中越发深刻地感受到一件事：从内容创作者的角度来说，没有社会价值的内容是缺乏长期活力的；从观众角度来说，大家上网虽然追求娱乐，但更加注重内容的意义。

这一点是我们从事这个行业越久感受就越深刻的事情，也是有社会性的内容容易得到转发的原因。下面，我和大家分享几个小故事。

我们的视频当中常常出现一些和上海相关的内容，一开始做这些内容纯粹是因为方便，因为G僧东从小在上海长大，对上海这个城市非常熟悉，并且在短视频里面加入一些方言会增加视频的喜剧效果和丰富性。

一开始，我们对这些上海元素并没有太在意，时不时看到粉丝留言说"最喜欢听东东讲上海话，东东多讲一些""上海话真有意思"，我们也都认为因为方言是一个有趣的梗，所以粉丝非常喜欢。

最初，我们甚至是有点儿回避在短视频里面加入太多的上海文化内容的。从传播层面上说，选择大多数人都熟悉的语言和文化背景有利于提升传播效率，但直到我们拍了《上海各区拟人》之后才真正领悟到一件事：好内容不怕听（看）不懂。而好内容往往要从创作者最为熟悉的文化中去寻找。

《上海各区拟人》这条视频可以说引起了巨大的反响，网友在转发的同时纷纷开始讨论上海各区的发展史。有许多老上海热情洋溢地在评论里回溯上海的建城史，告诉我们上海如何从上海县演变成如今的直辖市，有老卢湾人在后面跟帖回顾卢湾与黄浦的爱恨情仇。由于视频中有些区的台词比较少，那些区的网友则会纷纷在评论里补充发言。

翻阅这条短视频的评论和转发里网友的留言，不仅长知识，还大开眼界。最令人意外的是，由于我们在视频里安排了上海已经被合并的一个区"南市区"的角色，这条视频发出后，我们发现南市区的百度指数随之上涨。许多上海的粉丝告诉我们他们都已经忘记南市区并区这段历史了，或第一次听说上海还有一个南市区。

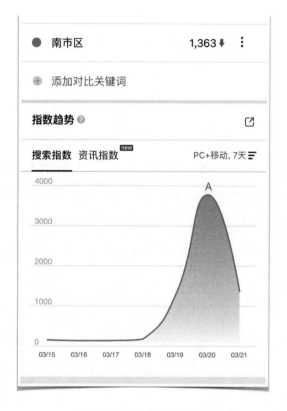

图8-1 "南市区"搜索指数

不仅如此，不少网友在评论里排队要求这个系列的连载，有的网友还建议我们做上海其他内容的拟人。

于是，我们后来又有了《上海地铁拟人》，并开始筹备《上海高校拟人》。

图8-2　《上海地铁拟人》视频截图

对于我们来说，最开心的不是又收获了一条刷屏爆款，而是我们第一次感受到，除了娱乐放松的内容外，大家也欢迎一些颇有深度的内容，这仿佛为我们打开了一扇新的窗户。

作为土生土长的上海人，G僧东经常在生活中向外地朋友推介上海美食、上海历史和上海好玩儿的地方等，但这样的推介也就是简单说说。而短视频这种形式无形中打破了地域的屏障和文化的陌生感，不论是本地人还是外地朋友，都更加容易接受。

作为短视频的创作者，当我们看到自己创作的内容不仅为观众带去娱乐，还引导大家主动关心地方文化，关注方言保育时，这样的成就感是难以用语言表达的。

有了这次的经验，我们开始有意识地策划本土内容。有一次，

G僧东的一个外地朋友来上海旅游，G僧东陪他去了外滩。外地朋友问他："你们上海人平时来外滩吗？"G僧东回答："上海人没事来外滩干吗？"外地朋友说："为什么外滩这么漂亮而你们本地人不来？"一语惊醒梦中人。"对呀，为什么住在这座城市里的人反而不会去欣赏城市的美呢？"于是，G僧东当即决定要拍一个"上海人在上海旅游"的Vlog系列，他要以一个本地人的视角去记录城市的美景。

这个系列一经推出便好评如潮，就在我们的本地粉丝间广泛流传。这个系列让本地人更加了解自己的城市。比如，有一期G僧东去坐黄浦江游船，这也是许多上海本地人可能一辈子都不会参与的城市观光项目。收看了这期视频的上海本地粉丝纷纷留言：从来没有想过在游船上看黄浦江两岸会这么美。许多粉丝因为看了这期视频特意去登船游览，并留言感谢我们让他们重新发现了这座城市的美。

后来，许多外地朋友要来上海旅游的时候，都会直接来搜我们这个系列作为参考。我们印象最深刻的是有一期《上海人在上海旅游》，我们去了田子坊，它与南锣鼓巷、宽窄巷子、回民街这样的景点类似，田子坊也是一个由上海老街改造的旅游景点，平常上海人是绝对不会去的。我们不仅去了，还特意去拜访了一个生活在田子坊的上海家庭。这个家庭的妈妈已经六十多岁了，她一辈子都住在田子坊里，对这里感情很深，对我们说别人给她多少钱，她都不愿意搬家。拜访结束的时候，她突然拿出琵琶，给我们弹了一曲，原来这位阿姨还是一个音乐家呢！许多看过这期Vlog的粉丝都感动得眼眶湿润，我们自己也非常喜欢这一期Vlog。

图8-3 《上海人在上海旅游》视频截图

"上海人在上海旅游"这个系列视频收到的正面反馈更加坚定了我们做上海文化的决心。我们本地就有这么多好的素材和动人的故事，这些东西哪怕不加修饰地表现出来都会被大家喜爱，我们又何苦舍近求远呢？

个体的力量是有限的，如果我们立志用自媒体的形式承载上海文化相关的内容，仅靠"G僧东"这一个人或自媒体账号显然是不够的。于是，《好叫好伐》应运而生。我们做过的与上海文化相关的视频给了我们一个启发——跟本土文化相关的好内容是很稀缺的，大家对这样的内容都抱着"求贤若渴"的态度。

在电视媒体盛行的年代，《智力大冲浪》《快乐大转盘》《今日印象》等节目称霸荧屏，描绘出一代上海人的生活点滴，构成了一代人的回忆。

而在自媒体的年代，我们能想起来的本地自媒体作品有什么呢？几乎什么也没有。

作为扎根上海的本地自媒体人，我们对于上海本地文化的保育和传承有天然的责任感。

于是，在2019年年底，我们策划了《好叫好伐》这样一个全上海话的视频节目平台，希望通过脱口秀、情景剧和趣味教学等形式，与大家分享上海文化里好玩儿的内容。

都说这是一个碎片化甚至粉尘化的信息时代，大家对生长在这个时代的年轻人有一种刻板印象，就是他们无法阅读深度的信息，不关心社会，是一群"娱乐至死"的人。

我们多多少少也会抱着这样的想法，毕竟我们是"85后"的创业者，与"95后""00后"的网友存在代沟。

由于《好叫好伐》的更新频率比较高，我们成立了一个"兼职文案"的部门来接受所有人的内容投稿。

　　让我们感到非常意外的是，85%的投稿人都是"95后"的朋友。他们的稿件质量很高，不仅妙趣横生，还非常有干货，常常让我们感到惊艳。

　　这篇《那些藏在上海路名里的秘密》就是其中一个兼职编辑提供的内容，感兴趣的朋友可以去《好叫好伐》的微博和B站看看评论及弹幕，简直就是大型上海文化普及交流活动现场。

图8-4　《那些藏在上海路名里的秘密》视频截图

　　许多网友为了搞清楚上海路名的命名历史，还专门去查资料发进评论里，大家都热心地纠正视频里的小错误，补充没有讲到的地方。

外地朋友看了这条视频也纷纷在评论里分享自己家乡的路名故事。我想那些对年轻人的网络冲浪生活怀抱刻板印象的人也许怎么也想不到，一群"90后""95后"的人会在网上讨论上海街道的命名史。谁说短视频博主只有靠"装疯卖傻"才能有流量呢？

记得"G僧东"这个视频平台刚开始红起来的时候，许多人都问过我们一个问题："你们未来有什么打算呢？准备一直拍搞笑视频吗？"

说实话，那个时候我们确实没有想过这个问题，仅凭着对内容的热爱及赚钱糊口的现实考虑，我们进入了这个行业。

但如果今天再遇到这个问题，我们一定会回答："用短视频的形式为上海本地文化的保育做点儿力所能及的事情。"

也许我们无法做到像李子柒一样，将中国文化和中国人对生活的热爱传递到世界各地，但我们真真切切感受到的是，粉丝在我们内容后面的留言："我是一个不会讲上海话的上海人，因为你的视频，我决定以后在家里都说上海话。""因为你们的内容，我发觉好像上海人没有那么讨厌，我以前对上海人的偏见太大了。"

这是我们以自己的力量能做出的小小改变，未来还会继续这样做下去。

其实，无论是李子柒，还是湘西小哥、办公室小野等红到国外去的中国自媒体人，为什么可以实现文化输出？

这个答案是不言而喻的——是因为我们国家的强大。

我们真的要感谢我们所处的时代，感谢我们的国家为我们提供了这样的生活。我们如今之所以能够在世界自媒体的平台上占有一席之地，本质上还是因为国家的繁荣昌盛。

在自媒体这个行业里，我们国家的发展不仅是领先的，而且是具有排他性的。

由于我国的互联网发展在世界上遥遥领先，我们的自媒体人才得以适应各种层出不穷的App，在上面创造自己的内容；由于我们国家拥有巨大的人口基数，并且哪怕是最遥远的边陲小镇都有4G网络（成书时5G已经逐步普及），我们的自媒体人才会拥有如此广大的受众和市场。

外国人如果想在我国的自媒体行业分一杯羹，一定得学会讲中文。大家有兴趣可以去B站、抖音和Youtube上搜索一下，可以看到很多讲着流利中文的外国博主。

最后，我们真心希望所有的网友都能对自媒体人稍微宽容一些，这个宽容是指当你们在看我们的视频或者其他博主的视频时，不要因为我们的某句上海话不标准，或者不小心打错一个字就留言"喷"我们，我们欢迎大家指出我们的不足和问题，但希望别抱着责备的态度。

　　文化输出这件事，其实自媒体人并没有多大的功劳，是每一个默默转发、评论的人让这些视频有了热度，使这些短视频传播出去，被更多人看到。因为你们的观看，这些视频才有价值。

想红的年轻人，属于你的时代来了

第九章

想红不是错，坚持做好入行的第一步吧

"红"，本身就有着不可阻挡的吸引力，何况是在一个全民皆可红的时代。根据某互联网平台的调查，54%以上受调查的95后年轻人都想要成为网红。

纵然现在看来，"G僧东"这个账号从微信公众号上的图文内容到全网的视频内容走红，存在着太多不确定性和偶然性，但我们必须承认——没错，一开始我们也是抱着想出爆款的心态去做的。

然而无数从业者的经验和同类图书的方法都不可能教会你"点石成金术"或者"自媒体月入破万速成"。请相信我，这不是我们试图藏私——如果真存在那样的方法，我们首先会把它应用于我们自己的新内容平台上，然后无限复制。

实际上，如果真的要说，我们在从事这份看似光鲜的工作时，有哪些引以为豪的特质使我们活了下来，我想应该只是有些清醒的认识而已。

因为在这个行当里，我见过勤勤恳恳的人，拍了几百条视频却毫无收获。

我见过手握千万投资的自媒体人，在花光最后一分钱时，依然觉得自己没有选错方向。

我见过比我们更有前途、更有创意的人，兜兜转转还是回到了广告公司上班。

我还见过才华横溢的人，身负盛名之时跌入万丈深渊。

所以年轻人，如果你想红，我可以告诉你一些对想红的人真正有价值的东西——在你通往成功自媒体人的道路上，至少会经历三次危险。

如果你有志从事这个行业，那么你将面临自媒体人职业生涯中的第一个危机。

请回答我一个问题：你想要做什么呢，你又如何确保自己能够做到？

我猜聪明的你一定会找到一个既有趣又擅长的内容方向，然后按照你心中能想到的它最美好的样子，再参考当下最流行、最吸引人的内容形式，开始着手制作。又或者你会独辟蹊径，偏偏找寻一个冷门，即没人尝试过的内容模式，然后快速地用大量新鲜视频占领这个阵地。

不论它是什么，你心中一定充满了对它的想象与描摹。就像那些作家爱说的："文字本来就在心中，我只是把它们抄写下来而已。"你心中一定也欢腾地流淌着那些美妙的内容吧？

若果真如此，那么恭喜你，你会和大部分尝试进行自媒体创作的年轻人一道成为这条路上的匆匆过客。你的内容在你的朋友圈最多有几十个人传播，给你点赞和转发最多的就是你的亲友。而且，你还有可能被前同事或同学不理解。

这当然不是你的错。只是因为没有任何一个教你做自媒体的知识付费课会告诉你一个简单的事实——除非你是××名人的儿子或者××女星的女儿，否则没有一家自媒体平台是为了让你自我表达用的。

所谓的创作是指什么？很多人认为是向观众展示创意与表演天赋，用真诚的心换取友谊与热爱，在大世界里展示自己的天地。

但从商业的角度来说，所谓创作，是提供一种服务；所谓创意，终究是一门生意。它与理发、按摩、浴池搓澡的区别并不显著，都是为了让享受服务的人愉快。只不过，我们提供的服务表现为有趣的文字、搞笑的视频，或者看似有用的知识，仅此而已。

我知道，无论是谁将这个现实说出来，并且接受它，都会让人感到格外难过。

这意味着你想成为的那种拥有独立人格、有趣灵魂、优雅态度的情感博主，只不过是高级版的居委会大姐。

这意味着你想成为的那种把玩当工作、与世界美景谈恋爱、洒脱又无拘无束的旅行博主，本质上也就是无证的小白导游。

这意味着你想成为的那种仗义敢言又有独特视角，三观很正地总选择鸡蛋一方的时评博主，其实和你们小区里爱拉家常，聊八卦的人没什么两样。

你的卓尔不群也好，你的非凡创意也好，你的演员天赋也好，如果不能首先满足观众最本质的需求，那么你的这一切就都没有任何意义。这是我们从一开始决定辞职做自媒体到现在一直时刻铭记在心的。这让我们避免了很多新晋自媒体人经常会掉进的创意陷阱——我有一个好的想法，就差把它拍出来了。

对许多刚刚涉猎这个行业的人来说，脑子里想到一些奇妙的想法，然后把它变成现实，是一件美妙的事情。但对真正把它当成职业的我们来说，创意的必要性真的没那么高。

当然不是说有创意不好。好的创意可能会让某个成熟的内容变得更加吸引人，但对于刚刚开始制作内容的年轻人来说，创意是一个充分不必要条件，你的首要任务是先坚持把视频拍下去。一个创意能支撑一次、五次内容制作，但能支撑十次吗？就算你的视频一周一次更新，十次视频也才两个半月而已。如果你能坚持三个月不断更，你基本上已经淘汰掉和你同时起步的一半的博主了。

那些比较成熟的自媒体创作者在拍视频之初是如何坚持下来的

呢？他们习惯先找到一个能"包含任何内容创意"的内容形式，至少是一个能够容纳尽可能多种类内容的创作逻辑。比如，朱一旦，他的所有视频只有一个套路——一个枯燥的有钱人的日常生活。搭配固定的配乐，这个套路里面可以融入任何内容，这个有钱人身上可以发生所有合理或不合理的故事。

第一条视频的脚本一旦敲定，这个套路就可以无限复制，保证他们的创意源源不绝。

更重要的是，这个套路对于观众来说是有趣的——"如果买彩票中了一千万，你会怎么花"是人民群众经久不衰的"打嘴炮"的话题。

因此，当你决定开始拍视频时，你需要思考的不是你是否有一个有趣的创意，而是你是否能想到一个观众认为有趣的套路。因为我们的工作是满足受众对内容的需求，而不是展示自己的想法，所以无论你是主动还是被动，你的内容其实都应该始终跟随你的观众，你应该思考"观众想看什么内容"，而不是由你内心中的表达欲控制。

相信阅读到这里，你已经学到了真实世界里自媒体创业实操教程的第一步。

辞职，做全职自媒体？强烈不建议

如果你是一个想红的年轻人，正开始尝试制作一些内容，沉淀自己想法的同时尽可能把它们付诸实践。但你发现一件现实的事情——时间总是不够用。

没办法，毕竟你所有的内容尝试都是在每天下班后和周末完成的，你已经尽量去压缩自己平时用来玩手机、追剧甚至睡觉的时间，但你不得不承认，自己精力有限，没办法同时做两份工作。

当然，很有可能在事情的最初你便料到这种局面，在这个状态下，你多半会想辞职——全职做自媒体。

那么恭喜你，你遇到了自媒体人职业生涯中的第二个危机。

要先承认，倘若你能想到或者走到这步，实际上相对大多数试图进行内容创作的人来说，你已经算是成功一半了。这至少意味着，你的内容可以，并需要持之以恒地制作下去，你的视频能够不断地延续，才有可能需要你持续投入时间和精力，从而使你考虑全职从事创作的可能性。而多数人在谈论自媒体创作时，除了"我有一个想法"以外，脑子里的东西根本不足以支撑他们写出足够一周发布的文章或是拍完能用一个月的视频。

所以，从某种意义上讲，如若你不是偏执的自大狂，那么当你产生"只要有时间我就可以把这个内容一直拍下去"的想法时，你至少已经在正确的道路上了。

但是，作为同样走过这条路的人，我并不赞同在这个阶段就全职做自媒体。如果你是已经有社会工作经验的人，我不建议你马上辞职；如果你是尚未走向社会的学生，我更不建议你忽略学业专注于内容创作，或者一毕业就全职投入这个行业的内容创作。

最现实的因素是，就算你的确找到了一个正确的内容方向——正确也只能单就内容质量来说，你仍然没法估量自己从内容正确到商业转化之间的距离到底有多远。而这期间，你的生活成本和内容制作成本将完全由你自己承担。

往往在真正赢利之前，短视频内容质量的成长和其需要的花费是成正比的，尤其在视频制作上面，你制作十期内容的成本远远比你第一期内容成本乘以十还要大得多。这个时候，如果你的流量已经在稳步增长，粉丝对你的要求也会进一步提高，这意味着你可能要更换场地、购买设备、雇用人员……这都需要你有稳定的收入来源。万一在这个时候你还没开始赢利，情况就变得很尴尬了。

另外，过早脱离职场环境其实并不利于内容的早期发展。就我所熟识的自媒体人中，没有一个不是在初期通过职场纽带建立人际关系来进行内容的初期传播与扩散的。同时，职业背景、教育经历、年龄与你相仿的同事，本身就是你内容质量最好的测评、鉴定人员，也是你最合适的目标受众。而脱离职场环境以后，如果你没能马上组建起自己的工作团队，那你就必然会在相当长一段时间里处于社交孤立的状态。

自媒体人是要有社交生活的，而社交孤立会使你失去原本的社交关系。社交关系可以使你切身感受到某个圈层的流行偏好、语言使用习惯及他们对网络内容的真实偏好，这些可以帮助你提高对特定人群的洞察，成为你创意灵光一闪的来源。不要以为通过社交网络可以弥补现实交流的缺失，网络信息虽然无处不在，但总是没有办公室里的当面沟通来得迅速、直接。

在内容初创阶段，工作是为你兜底的选项，即便降低更新频率，也不要草率辞职。而当你真正做下去的时候，其实你会发现，兼职时期往往是整个内容创作增长最稳定、最明显的时期。

那么，什么时候可以开始考虑投入全部精力呢？我的建议是，当你有了第一次正式商务合作以后，你就可以根据第一次的刊例价格来量化考虑自己全职从事内容创作的性价比问题了。

另外，如果你恰好是一名学生，又恰好想在自媒体方向上有所发展，那么对这个问题，我希望你严肃考虑。这并非出自不信任或偏见，而是学生群体在事实上承受损失的能力远远小于职场人士。

第一，对于已有工作经验的人来说，内容创业最糟的情况不外乎内容毫无建树，完全失败，损失几个月乃至一年的工资，遭受一众朋友的嘲讽。但他仍可以回到原本的行业工作，甚至这段失败经历对他后续的职业发展还有所裨益。但如果你是完全没有社会工作经验的学生，全职进行内容创业相当于把自媒体作为你的第一份工作。且不谈论生活保障问题如何解决，倘若在你坚持自媒体创作一年后发觉自己没有成功的可能，转而去找工作时，你将会面临相当尴尬的境地。如果你要进入传统行业，那意味着你此前的工作经历约等于零；如果是自媒体行业、互联网行业，虽然你从事了相当长时间的相关工作，但你只是给自己在行业中打造了一段失败经历，很大程度上说明你恰好欠缺此方面的能力。

第二，自媒体作为一种工作，也是一种商业行为，必然会与其他社会工作发生联系。对此，没有直接社会工作经验的学生也缺乏足够的应对能力。有些问题是琐碎的，如素材版权、账号主体和公司财务等。有些问题是复杂的，如商业合作的法律风险，内容合作可能造成的纠纷，个人税务和社会保险问题等。这些事情，只要你在正规企事业单位工作一年半载都会有所了解，就算不清楚具体执行，也能轻松找到可以帮你的人。但大部分学生不具备这种条件，很容易因此遭受损失。

因而，对于希望走向自媒体从业者这条道路的学生而言，请千万不要放弃你的第一次社会工作机会。毕竟，假使你内容创业成功，这也会是你未来相当长时间内的唯一一次"学习工作"的机会。我甚至不建议你第一份工作就去自媒体公司、自媒体人的工作室应聘。要知道，这个行业里几乎每个人都是探索者，这意味着他们只是因为自己某方面的才华可能获得极大成就，但与此同时，在很多方面也许并不比你多了解多少，对你的职业或者人生也提不出什么有效的建议。

在这些地方，你几乎学习不到正常的职场经验——你会从一开始就习惯晨昏颠倒的作息、极为宽松的公司制度和完全不存在的办公室规则。

虽然对大学生来说，自媒体行业的工作氛围看上去很有吸引力，但是你真的不能保证三年内你能做出商业成功的自媒体，或是五年内内容创作乏力时而你不会对这一行失去兴趣。年轻，意味着选择有很多，所以你更不该在最初就把自己放在一个局限性很强的境地之上。

我的第一条广告，标价 200 元

很多稍有名气的自媒体人一致认为，自己的暂时成功缘于没有专注自己内心的表达欲，而是深刻考量了受众的需求。甚至自己在朝九晚五之外经营了另一个身份，身边的朋友都喜欢你的作品，自己忍受着巨大的精神压力与疲倦不断创作。终于，一家自称是广告公司的机构找上了你，开出了一个让你觉得难以置信的价格问你愿不愿意接广告。

你没有兴奋。你清楚，自己一路这样走来，事情本应如此。你走过的，是 99% 的同业前辈走过的路。

于是，你终于有资格面对自媒体人职业生涯中的第三个危机了。说出来你可能不信，有很多内容成功的自媒体倒闭、出售，只是因为他们接了第一条广告，开始商业化运营，然后就开始赔钱，入不敷出。

我曾与一个拍出过多个平台首页置顶视频的自媒体人有过一面

之缘。见面时，他已经是某家MCN机构的雇员。我在那之前听过他的消息，据说他正在深圳组建公司，广告卖得也很贵。他很平静地告诉我："开公司太花钱了。"他那时与我们的内容规模相仿，而广告报价比我们还高不少，也不缺客户，我还不太理解地想：怎么花钱也不至于到这个地步吧！结果他告诉我，他雇了八个人，租了一间两百平的独立办公室。我便没再问下去。

这是一种还算典型的自媒体公司的倒闭方式。也是你会在整个自媒体生涯中遇到最危险的事情——过度支出。这个问题的本质，是因为许多从业者在经历"兼职个体—自雇人员—小企业主"这个身份转变过程的时候，既没能把自己除了内容创作以外的事情做好，也没能理解自己除了内容以外还需要做哪些事情。

我一直在强调，我们做的不是创意，而是生意。

这个生意，对我们这些个体来说，是由我们的内容构成的，但这不意味着我们不需要学习除了内容以外的其他部分。而最需要我们理解的就是，我们需要依靠内容来维持商业运营，而不是反过来，通过商业运营来维系内容。

但很可惜，对于许多已经实现商业化的自媒体所有者来说，他们心中所想的仍是后者。这种想法表现在影响较小的方面，可能是当你开始赚钱后，你会疯狂地购买、升级制作内容的设备，对你认为必要的工作环境进行软件改善，搭建团队聘请专业的摄像剪辑，同时开始学习你认为"成功的"自媒体人的生活消费方式。

而表现在影响严重的方面，就是对你的自媒体公司抱有一种"公司是因我的内容存在，也为了我的内容设立的"虚妄幻想，醉心于"靠公司运作建立内容"的想法，不断增添你认为必要的雇员和各种项目开支。

从表面上看，这个问题是关于省钱，但本质上是关于你会不会在生意上花钱。无论前面哪一种情况，他们都是只把自己当作赚到了钱的自媒体个体户，只有对交易的朴素认识，而缺乏成本概念，对所有花费既没有预算也没有决算，甚至不认为自己这样是错的。

当然，商业运作、公司经营本来就是很复杂的事情，我们也没有必要苛求善于内容工作的人同时擅长行政与财务。但会不会做是一回事，能不能认识到是另外一回事。作为内容工作者，你至少要明白商业工作的意义，你大可以去寻求更擅长商业方面的工作伙伴的帮助。

至此，你已经彻底看到了作为自媒体人走上"红"的这条道路将会面临的危险。很明显，我想告诉你的是，根本不要把"红"当成一个结果。就好像说"自媒体人"并不是一个职业，成功实现商业化的自媒体人才是一个职业。

其实，我所说的这三个危机全都是有关商业化的问题。这是这条道路最难走的地方，也是必须要经历的地方。可能你会觉得，这样思考问题过于功利了。但我经历过的事实都告诉我，这才是非常理性的选择。

对此，著名的广告人大卫·奥格威有过一段准确而务实的论断，虽然过去了半个多世纪，但这段话仍然适用于今天的广告行业，也同样适用于我们的自媒体行业。在这里，我想对它稍做修改，与大家分享——

要记住你赚到的钱比你从事其他工作的同辈要高，这有三种原因：

首先，优秀的自媒体总是供不应求的。

其次，自媒体人享受的福利比其他工作要少。

最后，自媒体职业保障也比其他行业低。

总而言之，奋力迈进，但要小心不要误入歧途。

全民网红时代：机会与危险齐飞

有人问我我对这个行业的未来有什么看法时，我想了好久，现在和大家分享一下。

这个未来，指的是未来3到5年。对于更长时间的预测，我既没自信，也缺乏那么强大的想象力。靠思辨和个人经验去断言5年以后的发展，是极不负责任的，而且也没太多意义——我甚至无法想象5年以后我自己做的内容的模样，如果5年后我还在做自媒体的话。

与其展望未来，不如说这些是正在发生或者即将发生的事情。事实上，最近我花费了大量的时间、精力去思考这些事，并试图解决它们。对于自媒体人来说，当下的自媒体行业正处于一个极其尴尬的时期，甚至可以说，是危机到来的前夜。

这绝不是危言耸听。

在具体描述这种尴尬之前，首先让我们一起来思考一个问题。

假设，我们将2014年算作"中国自媒体元年"，那么一直到2020年为止，中国自媒体有过哪些革新或进步？

在回答这个问题之前，在你开始回忆那些过往的自媒体高光时刻之前，可以先想想围绕自媒体的必要硬件与技术手段都有哪些改变。

你一定会想到手机。没错，可以说，没有智能手机在中国的广泛普及，自媒体压根就不会存在。

我认识一位朋友，他是资深"米粉"。他自从换掉索尼爱立信的功能手机，买了第一台小米手机后，就从未买过其他品牌的手机。2014年，他用的是小米4。2020年初，他的手机换成了小米10。

除了小米，所有的智能手机几乎每年都做固定的更新换代，同时还推出新的产品线。但不管国内外的哪个品牌，每一次的产品迭代，其硬件性能都必须成倍地往上升，不然就会被市场抛弃。

于是，我们经历了手机屏幕愈来愈大，在大到超过人手承受极限后，厂商们又开始尝试把屏幕上的边边框框都改成可以显示的屏幕，即所谓的提高屏占比。

然后是手机的镜头，从几十万像素的单一镜头到百万、千万像素的"红绿灯"镜头，再到排布着不同功能几乎要霸占整个手机背面的"浴霸"镜头、"手术灯"镜头、一字长条镜头、过亿像素镜头。

除了屏幕和镜头的更新，手机的图像处理性能也开始赶超电脑，还有那些不断增大却永远不够用的内存空间。与此同时，手机的整体单价却在不断下降。

手机性能的不断提高和售价的持续下降，是造成当下人人都想"红"，人人都有机会做博主、拍视频最重要的硬件原因。无论你是身在北上广写字楼里的白领青年，还是偏远山村的采茶少女，都可以花费相对低廉的价格买到硬件水平足够支撑内容创作的手机。

而今天的大部分手机厂商甚至格外贴心地把自动美颜、修图、视频滤镜作为技术卖点，同时附有基础的视频编辑功能，这从根本上打破了视频自媒体创作的核心技术壁垒。如果存在从"自媒体人手机使用行为"这个角度出发的社会调查，我猜社会学家很有可能会发现，自媒体时代以前的智能手机和今天的智能手机很可能只是名字与外形类似但本质却完全不同的两种东西。

除此之外，还有一点不难想到，就是移动互联网的普及。应该说，自媒体时代是围绕着4G网络的普及推广而展开的。虽然，我们的5G移动网络已建设完毕，多数新出品的手机也已经开始支持5G网络，只是尚未普及开来。但我相信，在诸位阅读本书时，你很可能已经在享受5G网络带来的互联网冲浪体验了。

网络的普及也是Vlog和直播在2018年、2019年迅速爆发并盖过了过往图文类自媒体风头的重要原因。

你是三和大神也好，东北精神小伙也罢，也不管你游历西方各国，学贯中西古今，还是一双破鞋翻遍每个垃圾站，只要你会说话，有手机，能联网，就可以做直播、传视频。而只要你有故事可讲，在全国几亿网民里总能找到喜欢你的人。

如果说智能手机的广泛使用打破了视频制作的技术壁垒，那显而易见，4G移动网络及正在普及的5G移动网络，击穿了文字工作者为自媒体行业简历设置的那道文化屏障。

在这两者之外，高能量密度电池、网络数据服务、固态硬盘技术、区块链技术的发展与应用，以及一大批基础互联网软件与硬件的发展实际上也是支撑当今自媒体行业运转的支柱。

由此，再回头看看我们这个行业本身所谓的"进步"，真的是有什么进步吗？

图文自媒体终究只是将纸媒的一整套运作逻辑搬上网络，不过是在话术上更加网络化。在图文自媒体依然占据绝对优势的微信公众平台上，人们仍惯于把关注量作为内容好坏、商业价值高低的重要指标，这个概念与过去报纸的发行量几乎就是等价的。而在相当长时间内也证明，只要有关注，就必定有一定比例的内容打开转化（只是比例因账号而异），这就导致了微信公众平台所有运营者的最主要工作就是"增粉"——一如过去的卖报。

如果你公众号看得多，应该就会发现从早期到现在，除去一些技术性、专业性极强的领域，能在图文自媒体打下一片阵地的大部分不是前报纸记者，就是前杂志编辑，甚至有新闻总监带领整个办公室来搞内容创业的。这也不奇怪，毕竟对所有人来说，图文阅读从纸到电脑再到手机，不过是载体发生改变，其内核没有任何本质的区别。自然而然，接受过专业内容训练、有丰富文字经验的前纸媒工作者必然会成为其中的佼佼者。

而视频自媒体的发展就更少了。如果说文字自媒体还在由纸到手机屏幕的过程中发生了一些适应性的内容改革，而视频类自媒体连这点革新都不需要——因为它们原本就存在于互联网之上。

作为新领域在近两年受人关注的短视频、Vlog，其实根本不新鲜。因为在视频网站的版权影视作品还没走上正轨的那段"原生态"网络年代，上网看电影、电视剧和动画是一种不用付钱只用动脑的事，而视频网站的主要内容，除了不明来源的盗版影视作品，就是各类自制视频。

受限于当时的网络条件和硬件限制——普通人使用的网络速度和电脑计算水平普遍不如今天的手机，那时的视频制作成本极高，发布周期漫长。而制作者们通常都是兼职创作，没什么作为自媒体人的自觉，广告客户更是稀缺，收入来源几乎全靠网站流量广告分成。但当时网络视频的影响力和内容价值并不比现在差，有些方面甚至较现在更胜一筹。

比如，只要是那个时代的网游玩家就一定会记得《网瘾战争》。业内普遍认为，这个以网游场景为引擎的自制短剧是直接导致工信部出台"绿坝"的舆论动因。

在漫长的岁月里，这些堪称用爱发电的创作者们几乎把能探索的题材全做了个遍，短剧、新闻、时评、游戏攻略、开箱、音调、鬼畜、特效视频、脱口秀、Vlog……现在的B站弹幕视频网上，仍有不少从那时起就活跃至今的创作者，如之前提过的敖厂长。

如果你打开他们的内容文件夹，就很有可能会发现不少存在于B站建站期间的上传内容。排除时代与技术的局限性，你不会觉得那些10年前的网络视频与今天各平台上的视频自媒体有什么差别。甚至许多今天被自媒体持续使用的视频、图片、表情包素材，都来自10年之前甚至更早的互联网年代。而今短视频、Vlog的流行，在某种程度上不过是一种翻红而已，进步的只是创作者的数量，称得上革新的可能也只有制作者们终于会熟练使用补光灯和滤镜工具而已。

有人可能要说到直播，但其实直播就更没有任何称得上"新"的东西了。网络直播开始的年月，其实比自媒体和前自媒体时代的网络视频创作还要久远。原因也很简单：一直以来，直播是所有内容形式中门槛最低的。在没有智能手机的时候，电脑能联上网再配上摄像头就可以开播——最坏也不过是画面自带"马赛克磨皮"，帧率不高使画面时常出现"PPT视频"。

　　在互联网上有一句常用常新的调侃——"你顺着网线过来打我啊"（或者是"真想顺着网线过去打你"），就是出自早期的直播中。而在直播平台功能极不健全，又缺乏安全、便捷的即时支付模式的时候，除去直播间的流量广告外，主播最常用的收入模式已经是卖货了——仰仗古老、效率低下但绝对可靠的邮政系统。后来这条路被游戏主播越走越宽，间接养活了早期淘宝上不少小零食、电脑外设商贩。

　　直到拥有即时美颜功能的各大直播平台横空出世，同时淘宝体系、支付宝系统被大家广泛接受，那些现在我们熟悉的以唱跳为主的小姐姐们才成为直播的主流，而即时打赏、刷礼物也才成为主播的主要收入来源。

　　显然，淘宝官方对于过去主播自发的销售行为是有过深入研究的，并在2019年年底把他们的研究成果集中体现了出来。而被淘宝改造过的卖货直播，其实基本上已经抛弃了直播的内容属性，无论功能还是形式都更接近于过去的电视销售节目。如果仔细推敲，你还能发现一个非常有趣的事实：除去拥有新闻背景、新闻属性的直播者，现今无论哪一种网络直播，都可以追溯到更加古老的一个身份——街头艺人（这完全不是比喻）。

　　过去所有的街头艺人，被固定的街道、广场和城市所限制，影响力总是难以超出自己目光所及的范围，因而登堂入室——成为职业艺人，就是过去街头艺人们的追求与理想，是职业提升的必由之路。

而今天的网络主播完全不用担心影响力的边界问题，理论上互联网所及之处就是每一个主播的影响范围，因而他们得以以看似独立又草根的形态维系自身的存在，形成现在网络主播既不专业也不职业的一种运作模式。这样来看，我们实在很难断言，直播作为当下互联网生态中最炙手可热的商业模式，究竟是一种进步还是后退。

其实，纵观整个自媒体行业的发展，在内容层面上，至今都不存在任何一种形式的创新。尤其是相较于其依附的电子消费品、网络科技、信息技术产业取得的跨越式的进步——这种进步中许多是公认的第四次科技革命的成果，自媒体内容所做的最多不过是翻新过去已有的各种内容形态，而这种翻新的成果也不能说比过去有什么优越可言。

实际上，这也是行业中多数人所默认的事实。尤其是从2019年中旬开始，短视频、Vlog占据第三方投放市场榜首的时间不到一年，就被直播卖货夺去了其地位，而更早的大部分图文自媒体则进入了成规模的降价降流量、账号合并状态。像小红书、什么值得买、抖音这些在2018年备受行业期待的新平台，虽然看似各自占据了一方疆域，但实际上都没有取得第三方投放市场上人们希望看到的成绩，至今也还没有一个能与微信、微博并列的新的大规模的第三方投放平台。

内容投放市场上普遍存在一种迷茫感——谁也无法厘清或证明大量内容投放的真正价值。所以卖货直播被拉到台前大放异彩，除了淘宝官方的大力推介，其原因也不外乎是它可以让第三方投放机构给客户一个看起来合理的价值结论——有精确到人头的具体数据和销售情况。于是，各路资本方在短暂的沉寂以后，又开始汹涌澎湃地进入直播领域。

其实，在互联网世界的短暂记忆中，直播也不是首次被资本关注。此前个别著名直播公司倒闭的新闻也屡见不鲜，这一次资本没有选择对直播平台直接注资，而是开始既保守又精明的一手打造明星博主带货，另一手投资MCN机构为自己建起高墙。

作为一个次头部视频自媒体的运营者，我们在2019年年底的时候体会到了一种强烈的落差感。虽然广告投放量还没有腰斩式地下跌，可投放者们已经不再争抢广告位，越来越多的代理商或是甲方开始直接要求我们进行直播。

像我之前说过的那样，在这个行业里我们只不过是服务者，因此我们不能拒绝这些要求。

但我依然无法为现在的直播行业摇旗呐喊，甚至不能说看好。

原因很简单——我们相信一般的市场经济规律。如果有一家商店，每天坚持以远低于市场的价格进行促销，又一直没有倒闭，那我们只能认为，不是商品质量有问题，就是价格本身有问题。若此两者都正常，那肯定是商店老板的思路出了问题。

实际上，我们与一些坚持原创内容创作的自媒体人就有关直播的内容问题进行过深刻的讨论与研究。我们都认为：直播这种内容形式有非常大的发展潜力，但现有的直播形式还远不够成熟。我们甚至讨论过，利用直播最大的优势——即时互动性来制作一些更具内容价值的东西。比如，能否把脱口秀搬上直播平台？能否用制作节目的逻辑做直播？能否也在直播上进行更多内容性强的表演？但每一个讨论都会指向一个相同的结论——现在的市场环境根本不支持我们去做那些尝试。

这就是我们现在遇到的最严重的生存危机——内容发展实际上处于停滞状态。

内容发展的停滞意味着流量价值的停滞甚至下跌。而我们赖以生存的广告投放、流量购买者，只会把钱花在他们认为有价值的地方。

那么，究竟是什么造成了这种局面呢？我们认为，这是硬件与技术发展造就的问题。

过去许多年，伴随着硬件与技术的革新，自媒体行业诞生、发展壮大，硬件与技术的每一次进步、降价都促进了这个生态体系的繁荣。但硬件与技术发展至今，对自媒体来说，解决的都是有关易用性的问题。这是自媒体内容停滞的关键。

所谓解决易用性问题，就是手机、移动网络的发展给自媒体人和自媒体使用者们提供的高度便利。人们可以随时随地地制作内容，上传内容，也可以随心所欲地使用内容，内容生产与传播的障碍变得微乎其微。但也就仅此而已。至于文字自媒体，我们使用的平台是电子化的报纸、杂志；至于视频自媒体，我们使用的平台是进化了的视频网站；至于直播，我们使用的平台是融合直播网站的视频网站、电商网站。而上述所有的使用终端都是智能手机，这是进步吗？

智能手机的确越来越先进。但它本质上是过去所有常规工具的集合——输入文字的键盘，输入图片的相机，输入声音的录音机，输入视频的摄像机，输出上述所有的屏幕。作为内容制作者，我们使用这些工具，并必须考虑输出效果。

现在的手机输入功能很强大，但多数时候对我们来说意义不大——我们必须考虑手机屏幕上的使用体验。最基本的是人眼长时间集中注意力在小屏幕上会非常疲倦。所以我们必须把文字设计得更加精短，把视频压缩到几分钟甚至一分钟内，同时无论何种内容我们都需要让它的元素更加简单、直接，最终我们是在寻求当前硬件与人类生理结构的最大平衡点。

内容的广度、丰富性因此遭受了极大的限制，而这些特性也让越来越多的强刺激性、低复杂度的内容被广泛重视，但是这样的内容是极易复制的。因此，虽然不能说手机是承载内容的坏平台，但我们希望有更好的硬件技术出现。这就好像虽然刺破的个人电脑游戏使用体验普遍远高于专业游戏机，但多数游戏玩家仍然希望使用游戏机玩游戏一样。就我们本身的意愿来说，我们更想得到的是谷歌眼镜、VR设备、全息影像这样的内容平台。虽然前者已经宣告失败，后面两者至今发展缓慢，但至少它们明显可以提供给内容使用者更加宽阔的体验空间。而对我们来说，那些硬件如果能够得到广泛的应用，自媒体内容的发展才会有新的方向出现。

但当下我们仍必须在现有的平台上进行创作。所以，至少在5年内，自媒体内容都不会有太多的实际进步。

围剿在未来：拼的永远是才华

资本要逐利，企业要赚钱，而在自媒体缺乏新的增长预期的情况下，前两者的信心必然会持续下降。资本总能自己找到流动的方向，自媒体人却难以在内容创新乏力的情况下吸引企业的广告投放。在此前提下，我们认为未来5年左右，自媒体行业还会出现两个现象。

第一，个体自媒体人会面临被"围剿"的状态，个体自媒体将越来越难以存活。

微信公众平台上有句经久不变的口号——再小的个体，也有自己的品牌。可我们看到的情况却是在现在及可预期的几年时间里，个体将越来越难以拥有自己的品牌。得出这个结论的原因，是我在之前的内容中多次提及的本土的MCN机构。

在2017年，中国本土MCN机构只有不到2000家，在2018年，不超过5000家，到了2019年年底，中国本土MCN机构已经接近15000

家。根据克劳锐在2019年中国新媒体峰会上的报告数据，2019年中国MCN内容已经占据了主流社交媒体60%的流量，同时，整个MCN占据的市场规模超过百亿，而年营收在5000万以上的MCN占据了整个MCN市场60%的份额。无论规模大小，MCN签约账号数量都在不断增长。按照普遍认为的中国自媒体市场规模总量在一千亿人民币上下计算，MCN内容营收增长显然有着相当充分的空间。

对比其内容市场占有量和MCN总体签约的账号数量，显然，无论是出于资本需要还是对营收增长的渴望，2020年中国自媒体市场只要不出现巨大的黑天鹅事件突然崩盘，MCN数量肯定会继续翻倍增长，而同时MCN也会竭尽所能地把更多有赢利能力或潜力的自媒体纳入麾下。

有一点需要承认，现存的MCN与签约创作者的关系，在大部分时候仍然是不太紧密的"联盟"状态。但如果上述情况确实随着时间的推移而发展，随着MCN机构对利润营收的追逐，现有的"签约——流量扶持"的MCN运营模式必然会有所改变。而改变的方向只能是MCN进一步加强对创作者的管控和对内容的把持，以提高其流量投资的可靠性。

在这种情形之下，个体自媒体创作者必然会不断地丧失独立性与自主权，走向MCN机构最乐于见到的方向——可替换的、可重复操作的内容生产工具。

这并不意味着个体自媒体人会消亡，因为个体总能改变自身的生存方式来顺应环境。我也必须要承认现实，必须尊重客观的经济规律——分散的、各自为政的、手工作坊式的自媒体创作行为，对应当下中国乃至华语圈千亿级别的自媒体市场是不合理的。

因此，无论是所谓取得"成功"的我们，还是与我们同一时期、同一水平线上看似有所成就的自媒体人，以及与我们相搭配的各家广告公司、代理公司，在这个行业中的所有行为本就是在不断探索。而我们所有人构成的这个行业生态体系，既不健全又不稳定。抛开个人情感与自身立场来看，MCN机构的爆发同样是这些尝试中的一个节点。而在不久的未来获取大量自媒体实际所有权的MCN机构们，又将把这个行业改造成何等模样还是个未知数。

但无论怎样，个体自媒体广泛的独立性已经在被逐渐消除，内容、流量、品牌（这三者皆指自媒体方所拥有的）始终是要不断被归拢聚集的——虽然并不一定就是MCN所为。站在个人的角度，每个自媒体从业者都应该重新审慎地思考自己的身份。这也并不全是坏事。

在这种情况下，我们可能还会看到第二个趋势。

在未来5年内，自媒体人、视频博主和直播主播会开始逐渐以艺人的身份蚕食综艺明星、娱乐明星和流量明星的地位，一些演绎能力强的视频内容作者会开始走上荧屏与大荧幕；同时，明星的市场价值将会缩水。

　　首先，自媒体人对综艺节目已经呈现出一定程度的渗透态势。以《奇葩说》为例，如果你注意观察就会发现最新一季的《奇葩说》中有近一半参与节目的辩手都是自媒体人。实际上，我们也曾接到这个节目的邀请，并获得了录制的入场券。最终，因为某些原因我们放弃了节目录制。

　　对多数综艺节目来说，邀请流动性强的明星参与并不比邀请固定的自媒体人性价比高。

　　有实力的娱乐资本方更不可能忽略这一点。从2018年到2019年，中国娱乐市场上有一个显著的现象就是，所谓"流量明星"的影视作品多数宣告失败，而许多网络小说改编的影视作品获得巨大成功。

　　简单分析，这是由于多数"流量明星"的专业素养与流量声望不匹配，却要求高额劳务造成的必然结果。甚至有许多所谓的"流量明星"流量也掺了不少水分——毕竟他们既没有可视的阅读量、打开率，也没有关注人数指标。

　　但被网络上兴趣爱好圈子肯定的内容却具有实打实的流量转化能力。显然，失败的是"流量明星"，而不是"流量内容商业"。那本身作为流量所有者、内容制作者甚至具备相当表演水准的优秀自媒体人，为什么不能代替一部分"流量明星"，借娱乐资本走上更广阔的舞台，同时也为其获利呢？

诚然，如果发展到这个程度，我所说的第一个趋势定然会更加严重——自媒体人有可能直接丧失现有的身份属性。但娱乐资本相较于广告客户，对内容创作的支持性必然更强，如果自媒体人能与其充分融合，也许我们"失去的只是锁链"，却可以产生真正全新的自媒体内容形式。

在这个形势下，明星走下神坛放低身段，直接进入流量转化市场，可能要比自媒体人向上发展更容易一些。毕竟，多数明星对个人职业身份的自主性与个人品牌没有执念。

因此，不超过5年，我们所在的行业中，从业者的身份与名字可能会发生许多有趣的变化，而这个行业，也会与影音娱乐行业有更多的交互。

讨论至此，"危机"一词在未来5年的自媒体行业中，似乎可以是它本来的意思——既有危险，又存在机会。每一个身处其中的人都不能避免经历这些改变。

而改变当然不一定是坏事。只是当它们发生时，人们总是不知道它们究竟意味着什么。

我希望，我们这个内容团队可以看到真正改变的到来。毕竟，我们受益于自媒体时代，也是构成这个时代的一分子。

　　最后，即便我的言谈看似悲观，但我仍想向阅读此书的我们所有优秀的同业者，所有在这个商业体系中生存的劳动者，以及所有对自媒体行业抱有兴趣的朋友们送上我的祝愿——我由衷希望，未来不再是自媒体的时代，而是你们的时代。